ISBN 978-0-366-88507-7
PIBN 11165182

1 MONTH OF
FREE
READING

at

www.ForgottenBooks.com

By purchasing this book you are
eligible for one month membership to
ForgottenBooks.com, giving you
unlimited access to our entire
collection of over 1,000,000 titles via
our web site and mobile apps.

To claim your free month visit:

www.forgottenbooks.com/free1165182

English
Français
Deutsche
Italiano
Español
Português

www.forgottenbooks.com

Mythology Photography **Fiction**
Fishing Christianity **Art** Cooking
Essays Buddhism Freemasonry
Medicine **Biology** Music **Ancient
Egypt** Evolution Carpentry Physics
Dance Geology **Mathematics** Fitness
Shakespeare **Folklore** Yoga Marketing
Confidence Immortality Biographies
Poetry **Psychology** Witchcraft
Electronics Chemistry History **Law**
Accounting **Philosophy** Anthropology
Alchemy Drama Quantum Mechanics
Atheism Sexual Health **Ancient History**
Entrepreneurship Languages Sport
Paleontology Needlework Islam
Metaphysics Investment Archaeology
Parenting Statistics Criminology
Motivational

THOMAE VALLAURII

HISTORIA CRITICA

LITTERARUM LATINARUM

accedit πάρεργον aliquot monumentorum
latini sermonis vetustioris

AUGUSTAE TAURINORUM

EX OFFICINA REGIA

AN. M. DCCC. XXXXIX.

PA6001
.V2

THOMAS VALLAURIUS

DIDACO VITRIOLIO HERCULANENSI

S. D.

Cum primum accepi, tuum de *Xiphia*
Carmen amplissimis honoribus et praemio
apud Belgas fuisse decoratum [1], equidem
maxima sum affectus voluptate, quod ea
demum Italiae laus hodieque constaret,
quam superiore memoria Sannazarus,
Flaminius, Fracastorus aliique tuerentur.
Quum autem per litteras animum meum
tibi testatum voluissem, tu eximia honoris

[1] *Xiphias*, Carmen Didaci Vitrioli. Amstelodami sumptibus Instituti Belgici excusum, typis C. A. Spin et filii apud Ioannem Muller, an. 1845.

et voluntatis tuae significatione [1] ita me devinxisti, ut ex eo tempore te semper in oculis ferrem. Nunc vero ut aliquod tandem exstaret testimonium amoris in te mei, constitui perbrevem hunc Commentarium de litteris latinis ad te mittere, quem nuper concinnavi quo faciliorem Subalpinis adolescentibus viam ad latinam eloquentiam munirem. Sed antequam venio ad res romanas, haud ingratum tibi fortasse continget, me paucis narrare, quibusnam casibus post renatas litteras eloquentiae disciplina apud nos fuerit iactata.

Iam primum ineunte saeculo quintodecimo [2], quum Ludovicus ab Achaia, annuente imperatore Sigismundo, Taurinense Athenaeum Subalpinis aperuisset, atque adhibitis exteris doctoribus gentis mores emollire esset aggressus, litteris

---

[1] Didaci Vitrioli Epistola ad Thomam Vallaurium. Neapoli, ex typis Fibrenianis, 1847, in-8°.

[2] Anno MCCCCV.

etiam politioribus palaestra patuit, a qua, veluti a fonte, humanitatis rivuli in omnes subalpinae ditionis partes manarent. At, quemadmodum fieri consuevit, nostri homines propulsandis belli periculis unice intenti, militaria studia quam mansuetiores artes malebant. Quapropter etiamsi circa illa tempora, aut paullo posteriore memoria nonnulli apud nos enumerarentur litteris graecis iuxta ac latinis eruditi [1]; attamen hi pauci admodum fuerunt, neque litterarum cultus tam late patuit, ut civitas a bellandi studiis ad urbanitatem quamdam videretur traducta.

Iurisprudentia postmodum prae caeteris doctrinis a nostris excoli coepta est, qua nimirum ad honores potissimum niterentur. Itaque maxima copia iuris interpretum apud Subalpinos provenit, qui ingenii

[1] Huiusmodi fuerunt Petrus Cara, Hubertinus Clericus, Domitius Macaneus, Coelius Secundus Curio, Paulus Cerralus. (V. VALLAURI, *Storia della Poesia in Piemonte*, Tom. I, pag. 66, 82 e seg., 115 e seg., 276.)

acumen in aliorum sententiis dispiciendis ostentarent. At in illorum operibus orationis nitor desiderabatur; plane ut eloquentiae studia conticescere apud nos viderentur. Neque id aliter fieri poterat. Quo enim pacto ad maiorem expolitionem adsurgerent maiores nostri? Unus videlicet, idemque ignoti saepe nominis doctor, graecas, latinas atque italicas litteras in Taurinensi Archigymnasio profitebatur, in cuius disciplinam perpauci admodum convenirent. Quum vero alter postea labentibus annis accessisset, ita docentium vices fuerunt divisae, ut unus oratores, poëtas alter quotannis interpretaretur.

Ita se habebant in Subalpinis studia humanitatis et litterarum saeculo xvi, quum Emmanuel Philibertus, Allobrogum Dux, profligatis Gallis ad Augustam Veromanduorum (¹), regiones nostras ab externo dominatu liberavit, quo triginta iam

---

(1) An. MDLVII.

ferme annos premerentur. Quum prudentissimus hic Princeps, militiae pariter ac
domi clarus, omne disciplinarum genus
vellet instaurare, quae saeviente bello iam
defloruerant, doctissimos undique viros,
maximis propositis praemiis ornamentis-
que, ad docendum invitavit [1]. In his recensendus est praesertim clarissimus ille
Giraldius Ferrariensis, humaniorum litterarum doctor, cuius ingenii et praeclarae
eruditionis complura exstant monumenta.
Et ne graeco etiam sermoni suus deesset
honor, Theodorus Rhendius, domo Chius,
fuit arcessitus, qui omnium aetatis suae
graecarum litterarum peritissimus habe-
retur [2].

Nunquam antea profecto Subalpinorum
expolitioni tam insigniter prospectum fuerat; iamque omnes, qui aliquid de litteris

---

[1] V. VALLAURI, Storia delle Università degli studi del
Piemonte, Torino 1845, in-8°. Vol. I, cap. 11, pag. 150
e seg.

[2] Op. cit. Vol. II, cap. 1, pag. 9 e seg.

poterant iudicare, cives nostros non minus quam hello, pacis artibus claros aliquando futuros confidebant. Sed fortuna subito bonorum spes intercepit. Quum enim Calvinianorum doctrina finitimas iam regiones infecisset, Emmanuel Philibertus veritus, ne forte in nostras etiam irrumperet, nihil antiquius habuit, quam ut viros pietate insignes advocaret, quorum opera patrum religio incolumis servaretur; bisque munus etiam demandavit Subalpinae sobolis iis artibus formandae, quae ad humanitatem pertinent. Ratus vero, litterariam hanc palaestram satis esse ad civitatem excolendam, latinae atque italicae eloquentiae scholam ex Athenaeo sustulit, et Giraldium, qui hasce partes strenue sustineret, dimisit [1]. Quo factum est, ut nostris adolescentibus aditus quidem ad litteras non intercluderetur; sed, ex ea disciplina, quae in privatis sodalium reli-

---

[1] Op. cit. Vol. II, pag. 19 e seg.

giosorum .aedibus erat retrusa, iam illa commoda in universam gentem non proficiscerentur, quae antea ex publica eloquentiae schola manarent. Restabant graecae litterae, quae, uti supra memoravi, a Theodoro Rhendio cum laude traderentur. At paullo post eae temporum difficultates supervenerunt, ut hoc quoque magisterium, veluti supervacaneum, ex Athenaeo arceretur. Rem pene incredibilem narro, cui segnior Subalpinorum in litteris progressus acceptus est referendus. Nimirum per ducentos et amplius annos illa artium regina eloquentia in Taurinensi Lyceo penitus obmutuit. Tunc videlicet illae opinionum perversitates ortae sunt, quae saeculo xvii italicas' litteras vitiarunt. Forte etiam accidit, ut monstrosum illud Marinii ingenium per id tempus in haec loca adventaret, eiusque vitia homines nostros veluti tabes invaderent [1]. Quum

(1) V. Vallauri, *Il Cavalier Marino in Piemonte*. Torino 1847, in-8°, di pag. 215.

autem in Athenaeo desideraretur eloquentiae doctor, cuius auctoritas in litteris
valeret, nullus iam acerrimi iudicii vir
deerrantes ad rectum tramitem revocabat.
Quapropter Subalpinorum litterae penitus
pessumdatae ; atque illa scriptorum portenta exstiterunt, qui ea tempestate ad
coelum tollebantur, nunc vero risum cùm
indignatione excitare consueverunt.

Hactenus narratis si addantur externa
bella, quibus identidem maiores nostri'
afflictarentur, et interna dissidia, quae
publicam rem misere labefactarent, nemini profecto mirum videbitur, hominibus
nostris ad eam diem non licuisse cum
reliquis gentibus de litterarum gloria in
contentionem venire.

Illuxit tandem saeculum xviiI; quumque Victorius Amadeus, huiusce nominis
secundus, post foedus ictum Traiecti ad
Rhenum [1] pacem Subalpinis attulisset,

[1] An. MDCCXIII.

omnes curas et cogitationes suas convertit
ad provehendam civitatis humanitatem.
Tunc enimvero, ex prudentissimorum virorum consilio, optimas leges sanxit liberalioribus disciplinis fovendis ; quodque caput est, peritissimos · uniuscuiusque
scientiae viros · allexit , quorum doctrina
in civitate expolienda uteretur [1]. Tunc videlicet humaniorum · litterarum institutiones in Athenaeum tandem · fuerunt revo-
catae. Et primo quidem Bernardus Lama,
neapolitanus, homo sane in graecis et
latinis litteris probatus et nobilis [2]; mox
Dominicus Regolottius , romanus ; tum
Hieronymus Tagliazucchius et Iosephus
Bartolus, prior quidem Mutina, alter vero
Patavio fuerunt acciti, quibus eloquentiae
tradendae munus permitteretur. Inter quos

[1] *Storia delle Università degli studi del Piemonte*, Vol. III,
cap. 1, pag. 7 e seg.

[2] V. Bernardi Andreae Lamae, neapoletani, eloquentiae
professoris in Academia Taurinensi, Orationes (novem). Aug.
Taurinorum, 1728, in-8.° picc. di pag. 160.

Tagliazucchius praesertim et Bartolus egregie de Subalpinorum studiis meriti sunt. Namque Mutinensis italicarum litterarum cultum primus impense fovit, quae · antea negligerentur ; atque optimis propositis exemplaribus, nostrorum aures italici sermonis venustati assuefecit. Patavinus autem, eximia eruditione praeclarus, hoc in primis est laudandus, quod litterarum disciplinae ampliores quam antea fines esse voluit. Siquidem duo, uti nuper aiebam, fuerunt ea tempestate eloquentiae doctores in Taurinensi Academia , quos studiosi per triennium audirent. Ad doctorem qui latinam eloquentiam profiteretur, pertinebat agere quotannis de oratoria institutione , optimos scriptores latinos expendere, atque alios aliis ·componere. Illius vero, qui italicam eloquentiam traderet, praecipuum munus fuit poëticam Aristotelis, graecos italosque scriptores interpretari. Bartolus, quem non lateret quantum incommodi ex hac studiorum ratione proficisceretur, ostendit [1], male agi cum eloquentiae alumnis, qui trium annorum spatio eadem semper docerentur. Cur autem, aiebat, ex politiorum litterarum institutionibus expungi artem criticam, veteris et recentioris aevi historiam, tum civilem tum litterariam, inscriptiones, nomismata, aliaque id genus, quae turpe sit virum ignorare, qui litterarum curriculum sit emensus? Quapropter rei litterariae moderatores enixe hortabatur, ut disciplina immutata, eloquentiae studiosis commodius consulerent.

Nescio quo litterarum fato quae proposuisset Bartolus publica auctoritate confirmata non fuerunt. Nihilominus saniorem hanc rationem in docendo ipse secutus, eloquentiae scholam aliquantulum erexit, ex qua egregii sane viri prodierunt. Professor Patavinus Carolum Deninam [2] ad

---

[1] *Storia cit.* Vol. III, cap. 6, pag. 128 e seg.

[2] Carolus Denina a Revello apud Salutienses, obiit annos natus duos et octoginta, idib. decembr., anno MDCCCXIII.

historiae studium praesertim excitavit. Hic
Tenivellium edocuit, ex cuius disciplina
exstitit Carolus Botta, qui memoria nostra historiae principatum Subalpinis asse-
ruit. Quare verissime de Denina scripsit
Carolus Boucheronus [1]: « Primus doctrinae suae alumnos a verborum angustiis in medias res deduxit; primus historiam uberius audentiusque tractavit. »
Nemo autem inficiabitur, Deninam, praestantissimum omnium habendum esse,
qui usque ad illa tempora eloquentiam
in Taurinensi Archigymnasio tradidissent.
Siquidem acerrimo ingenio donatus, idemque laboris patientissimus, illam sibi doctrinam comparavit, ex qua sententiarum
et verborum copia efflorescit. Hoc autem
se totum litteris abdiderat, quod in animum sibi induxisset, virum, qui antiquitati unice deditus recentiora neglige-
ret, ineptum eloquentiae magistrum fore;

[1] Caroli Boucheroni de Thoma Valperga Calusio, Taurini
1823, in-8º.

e contrario ex eius schola, qui Italorum litteris leviter tinctus, et veterum doctrina vacuus, elegantioribus dictionibus et sententiolis aucupandis omnino esset intentus, ieiunos homines exstituros, qui verborum lasciviis contenti ad germanam eloquentiam nunquam assurgant.

Quum igitur Bartolus, eiusque sectator Denina, uterque doctissimus, optimam disciplinam in Subalpinos intulissent, castior ex illo tempore fluxit nostrorum oratio: multi enituerunt in expolita latinitate diserti, in litteris etiam graecis non mediocriter versati. Atque ut caeteros omittam, floruerunt illa tempestate Iosephus Barettius, Franciscus Regis [1], Thomas Calusius, et Victorius ille Alferius, qui italicae Melpomenes vindex, veterum tragicorum gloriam est consecutus.

Hisce litterarum ornamentis fulgebat gens

---

[1] Franciscus Regis, natus Altoduni in Subalpinis anno MDCCXLIX, litteras graecas atque italicas docuit in Taurinensi Academia usque ad annum huius saeculi XII.

subalpina; quum exeunte saeculo XVIII atque annis insequentibus maximae rerum publicarum conversiones, et sub externo dominatu peregrinitatis studium litteris graecis, latinis atque italis non parum offecerunt. Sed humanitatis semina semel inducta, etiamsi ad tempus deflorescant, non penitus tamen exarescunt; et, si modo favens adspiret fortuna, facile reviviscunt. Quod quidem memoria. nostra factum est, quum duo excellentis ingenii et doctrinae viri lecti sunt, qui litterarum decus in Taurinensi Academia tuerentur. Spectant verba haec mea ad Iosephum Biamontium et Carolum Boucheronum, viros plane singulares, qui nuper in litteris Subalpinae gentis nomen renovarunt [1]. Neque velim, quempiam fortasse arbitrari, me hic magistros meos ultra quam deceat laudare,

---

[1] Iosephus Biamontius, natus Albii Intimelii apud Ligures anno superioris saeculi LXII, decessit an. MDCCCXXIV; Carolus autem Boucheronus, Taurinensis, ereptus est anno MDCCCXXXVIII, quum nondum attigisset aetatis annum tertium et sexagesimum.

quasi ipsorum praeconia in laudantem etiam recidant. Quamquam enim eo animo sum erga immortales illos viros, ut quoad vita suppeditabit, eodem quo parentes honore eorum memoriam sim prosecuturus, nunquam tamen iudicio amor officiet. Quum autem dixero, perpaucos omnino aetatem hanc nostram tulisse aut Biamontio doctiores, aut Boucherono elegantiores, omnes iam mihi facile assensuros confido. Caeterum hoc praesertim laudandos arbitror, quod unus etiamsi italicam tantum eloquentiam doceret; attamen tanta fuit in hebraicis, in graecis et latinis litteris praestantia, ut animatam bibliothecam merito dixisses : alter vero, cui graecae et latinae eloquentiae tradendae munus esset demandatum, tanta cura italica etiam studia secutus fuerat, ut, dum omnium sententia, latinorum sui temporis scriptorum nobilissimus habebatur, de italicis operibus verissime iudicaret. Ex quo fiebat, ut dicendi facultas in iis non esset ieiuna et nuda, sed aspersa et distincta multarum rerum iucunda quadam varietate ; in utriusque vero acroasibus nunquam veterum sapientia a recentiorum doctrina seiungeretur. Iuvat interdum, Didace mi, animo repetere quoties divinus ille senex Biamontius italicos poëtarum cantus cum exquisitissimis Homeri, Pindari, Sophoclis, aut Horatii carminibus compararet, quorum lectissimos locos pro re nata memoriter recitabat; quoties illustriores Guicciardinii et Machiavelli narrationes cum Thucydideis, cum Sallustianis et Livianis componeret. Neque minus delectabamur quum Boucheronus Virgilianas atque Horatianas sententias suavissimis Aligherii, Petrarchae, aut Ariosti luminibus hilararet.

Caeterum quum elegantiorum litterarum disciplina latissime pateat, vix fieri poterat, ut duo tantum viri, licet praestantissimi, studiosos intra quadriennium commode instituerent. Quapropter optimo sane

consilio, abbinc decem annos, auctis ma-
gisteriis, novaque doctrinarum facta partitione, quaterni doctores in Taurinensi
Athenaeo exstiterunt, quorum unus historiam veterum populorum per biennium
enarraret, reliqui tres in litteris graecis,
latinis atque italis tantummodo elabora-
rent. Qua quidem accessione quum discen-
tium commodis nondum satis fuisse con-
sultum videretur, nuperrime cautum fuit [1],
ut litterarum curriculum quinquennio con-
tineretur, atque in ipso statim disciplinae
limine is esset, qui rhetoricas illas praeceptiones fusius traderet, quas alumni in
puerili institutione iam percepissent [2];
tum vero septemviri graecas, latinas atque italicas litteras docerent cum historia
critica scriptorum, antiquissimarum et recentiorum gentium historiam, archaeo-

---

(1) V. *Regolamento del Magistrato della Riforma sopra gli studi pel corso di Belle Lettere nella R. Università di Torino del 28 di luglio 1847.*

(2) V. *Regolamento cit.° art.° 6.°*

logiam, grammaticam generalem, atque historiam veteris philosophiae; postremo ad haec omnia, veluti cumulus [1], accederet μεθοδικὴ, quam terni seorsum viri sic tractarent, ut a maximis ad minima illa se demitterent, quibus pueri educari, eorumque studia vel a prima aetatula formari consueverunt.

Quid sentiam de hac novissima studiorum ratione, qua plurimum praeceptionibus atque eruditioni, minimum optimorum exemplarium imitationi datum est, iam dixi in quadam scriptiuncula quam evulgavi ab hinc paucos menses [2]. Hoc unum in praesens satis sit notare, absurde omnino sanctum fuisse, ut anno quinto politiorum litterarum studiosi, quo-

(1) Eadem lege cautum est, ut eloquentiae studiosi, qui praeter caeteras disciplinas μεθοδικὴν etiam arripuerint, laurea donati *Politiorum Litterarum Doctores* renuntientur; qui vero rem methodicam praetermiserint, tamquam inferioris subsellii homines, *Rhetoricae Professores* tantummodo nominentur.

(2) *Osservazioni critiche di* Tommaso Vallauri *sul Regolamento pel corso di Belle Lettere del* 28 *di luglio* 1847. Torino, Stamperia Reale, 1848, in-8°.

rum est publicum latinae atque italicae scriptionis specimen dare tum soluta tum numeris adstricta oratione, a schola italicae et latinae eloquentiae penitus abstineant, aliis disciplinis operam daturi, nihil sane ad sermonis elegantiam et venustatem pertinentibus [1]. Quorsum tandem res sit evasura, penes acutos atque elegantes viros iudicium sit. Equidem nostros, qui hanc disciplinam nuper invexerunt, tantummodo admonebo, ut a recentioribus, quos unice colunt et observant, ad Quintilianum [2], doctorem gravissimum, identidem animum advertant, cuius haec sunt verba: PUERIS QUAE MAXIME INGENIUM ALANT ATQUE ANIMUM AUGEANT, PRAELEGENDA; CAETERIS, QUAE AD ERUDITIONEM MODO PERTINENT, LONGA AETAS SPATIUM DABIT. Quod quidem Fabii monitum eo spectat, ut adolescentes e nostris scholis eloquentes et ornati scriptores prodeant, non inepti,

---

[1] V. *Regolamento cit.° art.° 6.°* — *Osservazioni crit. cit.*
[2] De Instit. orat. I, 8, 8.

non rudes, non sermone barbari, non
ardeliones, non denique erudituli, aut
inanibus tantummodo praeceptis imbuti.

En habes, Vitrioli, vir doctissime,
idemque amicissime, historiae quoddam
specimen politioris Subalpinorum humanitatis. Nunc vero ut historiam criticam
litterarum latinarum aequi bonique facias
etiam atque etiam rogo. Vale.

Scripsi Augustae Taurinorum III cal.
Sextiles an. MDCCCXXXXVIIII.

HISTORIA CRITICA

LITTERARUM LATINARUM.

OPERIS DIVISIO.

Quum vel a pueris romanorum scriptorum nitori assuescamus, qui Augusteo praesertim saeculo provenerunt, in iis plerique conquiescimus, quin unquam latini sermonis incunabula, aut deteriorem illius aetatem persequamur. Hinc autem fit, ut complura nos deficiant litterarum praesidia ad romanam antiquitatem penitus cognoscendam. Si enim parumper animo cogitemus quam arcta cognatione populorum mores et litterae devinciantur, iam illud 'est perspicuum, nunquam fore ut nobis de romanae gentis humanitate verissime liceat iudicare, quin ad litterarum latinarum originem primo assurgamus; tum vero notata earum progressione atque amplitudine, senescentes quoque et ad nihilum ferme venturas, per varias rerum mutationes, contemplemur. Quapropter adolescentibus latinae eloquentiae studiosis in brevi veluti tabella litterarum latinarum vices spectandas exhibere constitui; ratus, me optimum facturum, si meam commentationem in quatuor potissimum partes digererem. Et primo quidem historiam criticam breviter perstringerem latinae linguae et latinorum scriptorum ab antiquissimis temporibus ad Syllae dictatoris obitum; deinde auream illam aetatem expenderem, quae inter Syllae et Augusti mortem intercessit; tum sequioris aevi conditionem spectarem, quod ab Augusti excessu ad Hadrianum pertinet; postremo in illud spatium inquirerem, quod inter Hadrianum et Odoacrem effluxit; qua nimirum tempestate Romanorum litterae ad occasum vergere visae sunt.

LIBER PRIMUS.

AB ANTIQUISSIMIS TEMPORIBUS AD SYLLAE OBITUM,
QUI FUIT ANNO POST URBEM CONDITAM DCLXXVI.

CAPUT I.

DE ORIGINE LINGUAE LATINAE.

De primordiis latini sermonis dicturo ea primum perdifficilis quaestio occurrit, quae iamdiu doctos homines torquet, de primis Italiae incolis. Frustra enim in linguarum originem inquiras, nisi prius populorum migrationes et fata iam animo fueris assecutus. Quum autem complures hac de re, eaedemque discrepantes sententiae fuerint prolatae [1],

---

[1] Hanc sententiarum discrepantiam vide apud I. N. FUNCCIUM, De origine et pueritia linguae latinae etc. Marburgi Cattorum 1735, in-4°. Cap. VI, VII, VIII, pag. 96-134. — Cf. FRÉRET, *Recherches sur l'origine et l'ancienne histoire de différens peuples de l'Italie.* (*Vol.* XVIII *de l'Hist. de l'Acad. des Inscriptions et BB. LL.*). — HEYNE, *Origines, vestigia et memoria artium et litterarum in Italia antiqua* etc. (VOL. V opuscul. academic.). — SCHOELL, *Histoire abrégée de la littérat. romaine.* Paris, 1815, in-8° (Tom. I, Introduction. Origine de la population de l'Italie, pag. 7 et suiv.).

illorum opinio nobis maxime probatur, qui contendunt, Pelasgos, Tyrrhenos, Iberos, aliosque ex Asia in Graeciam pariter atque in Italiam fuisse profectos [1].

Huiusmodi sententia, qua docemur, Graeciae atque Italiae populos eodem genere fuisse prognatos, acerrimum vindicem habuit Theodorum Rickium [2], virum olim apud Batavos maximae existimationis, quem complures ex recentioribus [3] secuti sunt. Hinc autem necessario conficitur, linguam graecam et latinam uno eodemque fonte fluxisse, et sororio inter se vinculo contineri.

Iam illud quoque verisimillimum videtur, latinam linguam, haud aliter ac graecam, dialectis diversorum populorum fuisse conflatam, qui in unam gentem coaluerunt. Quemadmodum vero dialecti citius fuerunt expolitae in graeca regione, ingeniis expromendis aptissima; ita apud Italos diutius incultae atque horridae permanserunt inter vitae pastoralis simplicitatem, inter agrestes inco-

(1) V. HERODOT. I, 94. — C. VELLEII PATERCULI, Hist. Rom. I, 1. — C. PLINII SECUNDI Hist. Mundi, uI, 5. — Cf. CHR. CELLARII, De fatis linguae latinae, p. 457. — ANDR. BORRICHII, De fatis et aetatib. variis ling. lat., pag. 2, 3. — I. G. WALCHII Hist. crit. lat. ling. Lipsiae, 1761, in-8°. Cap. I, § 4, pag. 28 et seq.

(2) THEODORI RYCKII Dissertatio de primis Italiae colonis et Aeneae adventu. Lugduni Batavorum, 1684, in-fol.

(3) LANZI, *Saggi di lingua etrusca e di altre antiche d'Italia ecc.* Roma, 1789, 3 vol. in-8°. — *Degli Etruschi, Dissertazione dell'ab.* G. B. ZANNONI, Firenze, 1810, in-8°. — A. E. EGGER, Latini sermonis vetustioris reliquiae selectae etc. Paris, 1843, in-8° (V. Praefat., pag. xI et seqq.), aliique passim.

larum mores, qui a finitimis bello continenter ve-
xati, innumeris rerum conversionibus iactarentur.
Ex his autem dialectis ea potissimum praevaluit,
quae in tractu regionis erat, quam Tyberis finit,
cuique postea Latio nomen fuit.

Per aliquot saecula tum graeca, tum latina
lingua sic viguit, ut neutra quidpiam a sorore
mutuaretur, et suis unaquaeque viribus tantummodo cresceret. At dum graeca elegantissimis iam
scriptoribus florens, suis ipsa vestigiis insisteret,
latina, cuius perpauca exstarent monumenta, maioribus mutationibus obnoxia, a pristina illa forma
sic desciit, ut qua tempestate Pyrrhus in Italiam
cum copiis venit, Romani atque Epirotae diverso
penitus sermone iam uti viderentur.

Sed postquam humaniore cultu expoliti in litterarum originem Romani coeperunt inquirere,
tunc enimvero ex utriusque linguae collatione ipsa-
rum affinitas patuit; tunc demum cognitum est,
latinam linguam ad aeolicam praesertim rationem
accedere [1]; atque opinionem illam de Orienta-
libus in Italiam traiectis, iam populi sermone et
poëtarum figmentis late celebratam, inter aniles
fabulas non esse amandandam.

Caeterum communem hanc graeci et latini sermonis originem quatuor praesertim argumenta confirmant; quorum primum eruitur ex ipsis litterarum

---

[1] V. Dionys. Halicarn I, 11. — Cf. Ruhnkenius, Éloge d'Hem-
sterhuys.

formis, quibus utraque gens uteretur (1); alterum
ex etymologia; tertium ex multis vocibus, Graecorum et Latinorum communibus, atque idem
plane significantibus; quartum denique ex grammatica ratione, quam σύνταξιν Graeci vocant. Qua
quidem posita linguarum cognatione, hoc praesertim intelligi volo, frustra niti latinarum litterarum studiosos ut aliquam doctrinae praestantiam
consequantur, si graecas ne leviter quidem atti-
gerint.

CAPUT II.

DE VETUSTIORIBUS LATINAE LINGUAE MONUMENTIS.

Si in antiquissimam latini sermonis aetatem in-
quiramus, omnia tenebris circumfusa nobis obver-
santur quamdiu regnum Albanum stetit. Nulla enim
supersunt monumenta, ex quibus vagientis illius
latinae linguae conditio nobis innotescat. Quare
hoc tantum licet assequi coniectura, priscam videlicet italicorum populorum linguam agrestibus
ipsorum moribus apprime respondisse.

Post Romam vero conditam usque ad annum
urbis ducentesimum, quartum et quadragesimum,
quo reges fuerunt exacti, perpauca etiam exstant

---

(1) DIONYSIUS HALICARN. lib. IV testatur, Romanos sub rege Tullio
usos adhuc fuisse litteris graecanicis. Cf. QUINTIL. de Instit. orat. I,
4. — TACITUS vero (Annal. XI, 14): Et formae, ait, litteris latinis,
quae veterrimis Graecorum.

monumenta, quáe latini sermonis vultum atque indolem nobis exhibeant. In his porro enumerantur quaedam carmina, quae pertinent ad ritus religiosos atque ad invocátíones Deorum immortalium. Quum enim, uti habet Plato in Phaedone (1), nihil sit tam cognatum mentibus nostris, quam numeri, quorum summa vis versibus est aptior et cantibus; ita apud Romanos haud aliter atque apud Graecos, in sacris mature usurpari coepti sunt hymni ad Deorum laudes celebrandas.

Et omnium quidem vetustissimum latinae linguae monumentum, ex communi eruditorum sententia, est *Carmen Fratrum Arvalium*, quod nonnulli ad Romuli, plerique vero ad Numae aetatem referunt. Hoc sane, ad linguam .quod attinet, adeo distat a reliquis .vetustioris aevi monumentis, ut hactenus praestantissimi philologi vix probabilem interpretationem inde exsculperent (2).

Ad Numae aetatem pertinent etiam *Hymni Salia-*

(1) Cf. Tull. De orat. iiI, 51.

(2) V. Acta Fratrum Arvalium sub. imp. M. Aur. Antonino Elagabalo, ex marmoribus modo in urbe repertis descripta. Romae, 1778, in-fol. — C. Marini, *gli Atti e Monumenti dei Fratelli Arvali, scolpiti già in tavole di marmo, ed ora raccolti, diciferati e commentati.* Roma, 1795, vol. 2 in-4°. — Lanzi, *Saggio di lingua etrusca,* I, 8, § 1, tom. I, pag. 142 et seqq. — G. Hermann, Elementa doctrinae metricae, lib. iiI, c. 9, § 6, ubi conf. grammaticor. loc. pag. 608 et seqq. — Schoell, *Hist. abr. de la littér. rom.* Paris, 1815, tom. I, pag. 41. — M. G. F. Grotefend, *Gross. latein. grammat.'für Schulen*, tom. iI, pag. 290. — M. Klausen, De carmine Fratrum Arvalium. Bonnae, 1836, in-8°. — Cf. A. E. Egger, Latini sermonis vetust. reliquiae selectae. Paris, 1843, in-8°, pag. 68 et seqq.

res (1), qui mense martio a Saliis, Martis sacerdotibus (2), canerentur. Hi quidem cantus, quos passim veteres scriptores commemorant (3), temporis iniuria interciderunt, si brevissima tantum fragmenta excipias, et singularia quaedam vocabula, quae apud grammaticos (4) occurrunt. Qua tamen in re est animadvertendum, nobis non esse exploratum, utrum huiusmodi reliquiae ad vetustiorem aetatem pertineant, an fuerint temporis lapsu interpolatae.

Non est profecto huius loci quaerere quonam metri genere constarent cantus Fratrum Arvalium et Saliorum. Caeterum, sive certa pedum ratione, hoc est horrido illo Saturnio numero essent conscripti, cuius formam nobis tradidit Terentianus Maurus (5), sive ad aurium tantummodo mensuram

---

(1) V. I. N. Funcc., De orig. et puerit. lat. linguae. Marburgi Callor. 1735, in-4°, cap. III, § XIII, pag. 239 et seqq. — Egger, op. cit., pag. 78.

(2) V. apud Polenum, Supplem. antiq. rom., Tob. Gutberleth, De Saliis, Martis sacerdotibus apud Romanos lib. sing. v, 685.

(3) V. Dionys. Halicabn. Antiq. rom., tom. II, 70 et seqq. — Plutarch. in Numa Pompil. 13. — Varron. De ling. lat. VI, 1, 14, 45; VII, 2, 3, 26; IX, 60. — Tull., De orat. III, 51. — Horat., lib. II, ep. I, v. 86. — Quintil., De inst. orat. I, 10. — Macrob., Saturn. I, 12. — Servius ad Aeneid. II, 186.

(4) Festus, De verborum significatione ad V. *Molucrum*, *Manuos*, *Pescia*, *Salias virgines*. — Paul. Diac., Epit. Festi ad. V. *axamenta*. — Macrob., Saturn. I, 15.

(5) De litteris, syllabis, pedibus et metris Tractatus, cap. IV, v. 2497. — *Versum Saturnium* constare dimetro iambico catalectico et ityphallico, seu tribus trochaeis, ingeniose docet compluribus exemplis Hermannus, De metris, p. 403 et seqq. — Cf. Atil. Fortunatian., De metris, cap. VIII, p. 323. — Lambin. ad Horat., Ep. II,

exacti, similiter decurrentibus spatiis continerentur, ex vetustioris illius aetatis monumentis haec duo tantum novimus, quae cantibus apta in sacris adhiberentur; nisi fortasse huc velis referre etiam *indigitamenta* (1), seu libros quosdam pontificales, qui Deorum nomina continerent et comprecationes, quae ritu romano iisdem fierent (2). Reliqua enim carmina, quae antiquissimi Romani vel assa voce (3), vel ad fides et tibiam canerent in epulis solemnibus, non ad Deorum, sed ad clarorum hominum laudes et virtutes pertinebant.

Haec de vetustioribus monumentis quae numeris essent adstricta; gradum facturus ad ea, quae soluta oratione fuerunt exarata, et primo quidem ad regiarum legum fragmenta (4), quae antea diffusae et dissipatae, postea vero a Caio quodam Papirio (5) in unum coactae, qui aequalis fuit Tarquinii Superbi, *iuris civilis Papiriani* nomine fuerunt donatae.

1, 157. — Maffei, *Diplom.*, p. 177, et *Art. cr.* L. 1, 2, c. 2, p. 33. — Morcell., De stil. inscript., vol. II, pag. 185 et seqq., edit. 1820.

(1) *Indigitamentum* idem plane sonat atque *invocatio*, a verbo *indigito*, invoco.

(2) A. Gell. xiii, 21.

(3) V. Non. ad voc. *assa.* — Tull., Tuscul. Disputat. lib. I, cap. 2; lib. iv, cap. 2. - De orat. lib. iII, 51. - Brut. xix. — Quintil., De instit. orat., lib. I, cap. 10, § 20. — Valer. Max., III, 1, 10.

(4) Regiae leges passim commemorantur a Tullio in oratione pro Rabir. v; in lib. de republ. iI, 14; v, 2 - ab A. Gellio iv, 3 - a Servio ad Aeneid. vI, 860; xiI, 836 - a Festo ad voc. *pellices* - ab Aur. Victore in Numa - ab Augustino, Civ. Dei, lib. iI, c. 16. — Cf. Bachius, Hist. iurispr. rom., lib. I, c. 1.

(5) V. Pompon., De orig. iuris, § 2 (Dig. I, 2).

Ad regiarum legum aetatem pertinent etiam *Annales maximi*, qui memoriae publicae retinendae causa a pontificibus maximis perscribebantur (1), quique post urbem a Gallis captam anno ferme trecentesimo, sexto et sexagesimo incendio fuerunt absumpti (2).

Hactenus de latinae linguae monumentis quamdiu Romani regibus paruerunt (3). Exactis autem regibus, translatoque ad consules imperio, Romani bella · bellis serendo adversus Sabinos, Latinos, Hernicos, Volscos atque Aequos, rei militari potiusquam litteris intenti, per aliquod tempus humaniorem cultum neglexerunt. Quare ab initio consularis imperii usque ad annum urbis trecentesimum secundum, quo decemviri fuerunt creati, nullum exstat litterarum romanarum monumentum.

Post creatos decemviros primo sese nobis offerunt fragmenta legum xII Tabularum, quas amplissimis laudibus effert Tullius in libris de Oratore (4). Nimirum quum gravissima certamina inter patres et plebeios perpetuo exardescerent, nec regiae leges ad quaslibet lites dirimendas, atque ad rem publicam rite administrandam iam satis esse viderentur, Romani de novis legibus ferendis tandem cogitarunt, quae ad aequandam civium libertatem pertinerent. Itaque ex senatusconsulto

---

(1) TULL., De orat., II, 12.
(2) LIV., Hist. rom., lib. VI, c. I.
(3) TULL., De orat., I, 9
(4) Lib. 1, cap. 13, 41.

tres consulares in Graeciam miserunt, qui Solonis leges describerent, et graecarum civitatum instituta, mores iuraque noscerent. Quum post triennium legati cum Atticis legibus Romam rediissent, placuit creari decemviros, quibus cura novi iuris condendi mandaretur. Hi, adhibito in consilium Hermodoro quodam Ephesio [1], philosopho tunc forte in Italia exsulante, ius omne publicum privatumque in xii Tabulas digesserunt.

Dolendum quidem, hoc corpus legum romanarum temporis iniuria intercidisse. Caeterum fragmenta quae hodieque supersunt, ex M. Tullii, Dionysii Halicarnassei, Livii, A. Gellii, aliorumque operibus collecta [2] abunde testantur, Romanos non solum sub regio et consulari imperio, sed et decemvirorum aetate, hoc est usque ad initium saeculi quarti, agresti et rudiori adhuc lingua usos fuisse.

(1) Liv., iii, 31 et seqq. — C. Flinius Secundus in bist. mundi, lib. xxxiv, c. 5, testatur, Hermodoro huic Ephesio statuam in comitio publice positam fuisse, proptereaquod decemviris leges Solonis esset interpretatus.

(2) V. Iacob. Gothofredi, Qualuor fontes iuris civilis, lib. I. - Leges xii Tabular. suis fragmentis restitutae, illustratae a N. Funccio, Rinteln. 1744, in-4° — A. Terrasson, Hist. de la jurisprud. romaine, 1750, in-fol. — Bouchaud, Commentaire sur la loi des xii tables, vol. ii, in-4°, 1803. — T. P. Boulage, Conclusions sur les lois des xii tables, 1 vol. in-8°, Troyes, 1804. — L. Valeriani, Le leggi delle xii tavole esaminate secondo i principii della politica, Lucca, 1820, in-8° — Fragmenta xii tabul. ed. Car. Zell, Friburgi, 1825, in-4° — Mackeldey, Hist. des sources du droit romain, traduite par M. Poncelet, 1 vol. in-12°, Paris, 1829. — Ch. Giraud, Éléments du droit romain par Heineccius, traduits, annotés etc. Paris, 1835, in-8° — Blondeau, Institutes de Justinien etc. Paris, 1839, in-8°.

Quam quidem linguae asperitatem nondum fuisse emollitam saeculo insequenti, apertissime ostendunt duo epitaphia [1] quae essent in Scipionum monumento extra portam Capenam; quorum unum eruditi referunt ad annum urbis quadringentesimum septuagesimum [2], alterum vero ad annum quingentesimum tertium [3]. A quibus non est seiungenda inscriptio columnae rostratae [4], quae anno urbis conditae quadringentesimo, quarto et nonagesimo Caio Duilio consuli posita fuit in foro, propterea quod primo Punico bello maxima cum laude navalem victoriam de Carthaginiensibus retulisset. Nimirum insolita litterarum forma, discrepantium casuum nexus, et obsoletae illae voces, quae in hisce inscriptionibus occurrunt, puerilem adhuc latini sermonis aetatem prodount, qua, gram-

(1) Praeter hasce duas inscriptiones, Scipionum monumento insculptas, quinque aliae afferuntur a cl. viro EGGER (Lat. serm. vetust. reliquiae), pag. 129, 134, 156.

(2) T. LIVIUS, xxxviii, 56. — IACOB. FACCIOLAT., Comment. de lingua lat., Patavii, 1729, in-8° — FR. PIRANESI, Monumenti degli Scipioni, Roma, 1785, in-fol. — LANZI, Saggio di lingua etrusca, 1789, in-8°. — ORELL, C. inscript. latin. n. 550, 551. — NIEBUHR, Hist. rom., I, p. 362 et seqq. — VISCONTI, Opere varie, I, p. 1 et seq. — DUTENS, OEuvres mêlées, 1784.

(3) V. SIRMOND. apud Graevium, Antiq. roman. thesaur., tom. IV, col. 1836. — FUNCCIUS, De orig. ling. lat., pag. 325. — ORELL, Inscr. lat. n. 552.

(4) CIACCON. apud Graevium, Antiq. rom., IV, pag. 310. — LIPS., Antiq. lect., lib. II, c. 14. — GANGES DE GOZE, De columna rostr. C. Duilii, Romae, 1635. — FUNCC., op. cit. pag. 297. — LANZI, op. cit., I, p. 145 et seq. — LE CLERC, Des journaux chez les Romains, p. 79.

maticae studio in urbem nondum invecto [1], una scribendi loquendique lex erat populi consuetudo.

Ex dictis iam illud conficitur, Romanos perpetuis bellis iactatos, usque ad annum urbis conditae quingentésimum decimum, quo primum Punicum bellum fuit confectum, parum aut nihil ferme de litteris cogitasse. Hinc videlicet humanioris cultus initia apud Romanos sunt repetenda. Huius autem vestigia iam deprehendimus tum in senatusconsulto de Bacchanalibus, quod pertinet ad annum quingentesimum, septimum et sexagesimum [2], tum vero in romanis illius aevi scriptoribus, de quibus sumus dicturi.

(1) V. huiusce libri caput XI.

(2) LIV., Hist. rom., XXXIX, 8 et seq. — Senatusconsulti de Bacchanalibus, sive aeneae vetustae tabulae musaei Caesarei vindobonensis explicatio, auctore MATTHAEO AEGYPTIO, Neapoli, 1729, in-fol. — Eadem apud Poleni nova supplementa utriusque thesauri antiquitatum roman. et graec., tom. I, pag. 751. — ENDLICHER, Catalogue des manuscrits de la bibliothèque de Vienne, tom. I, Vienne, 1836, in-4° — HAUBOLD, Antiq. rom. monum. leg. n. 3. — GROTEFEND, Gross. latcinische grammatik für Schulen, tom. II, pag. 297 et seqq. — EGGER, op. cit., pag. 126 et seq.

CAPUT III.

DE POESI DRAMATICA.

§ I

L. Livius Andronicus. – Cneius Naevius. – Quintus Ennius, aliique vetustiores comici et tragici poëtae, quorum opera desiderantur.

Ludos scenicos in urbem pestis induxit anno trecentesimo, primo et nonagesimo ad Deorum iram placandam. Ab Hetruria vero primos histriones Romam accitos fuisse constat, qui saltantes ad tibicinis modos populum oblectarent [1]. Hetruscos ludiones postea imitati sunt iuvenes romani in festis quibusdam solemnibus post messes, iocularia inter se inconditis versibus fundentes, quos *fescenninos* a Fescennia, Hetruriae oppido, dixerunt [2]. Ex fescenninis hisce versibus, quibus romani iuvenes se invicem carperent, profluxit *satyra*, hoc est mordacis comoediae quoddam genus quod varia argumenta complectebatur [3]. Postquam vero ludi

[1] V. TULL. in Bruto XVIII; Tuscul. disputat., I, 1. — LIV., Hist. rom., VII, 2. — VALER. MAX., Factor. dictor. memorab., II, 4. — TACIT., Annal., XIV, 21. — A. GELL., Noct. Attic., XVII, 21. — VOSSIUS, Instit. poët., II, 2.

[2] HORAT., Ep. II, v. 139-165. — SERVIUS ad Aeneid., VII, v. 695.

[3] De satyra consule VOSSIUM, Inst. poët., III, 9. — I. CASAUBON., De satyrica Graecorum poësi et Romanorum satyra, Parisiis,

scenici paullatim in artem verterunt, romana iuventus, aliarum fabularum actu histrionibus relicto,
alellanas (1) tantum egit, ab Oscis acceptas, quas
ab histrionibus pollui passa non · est (2).

Omnium autem primus *L. Livius Andronicus*, genere graecus (3), Tarenti natus, et libertus M. Livii
Salinatoris, relictis satyris, quae aliquot iam annos
Romanorum · studia tenuerant, comoedias et· tragoedias (4) ex graeco in latinum sermonem versas (5)
conscripsit, idemque in scena actitavit (6) iam inde
ab anno urbis conditae quingentesimo quartode-

1605, in-8° — VULPIUM, De satyrae latinae natura eiusque scriptoribus, Patavii, 1744, in-8°. — DACIER, *Discours sur la satyre (vol.
II des mémoires de l'Acad. des inscript. et BB. LL.)* — KOENIG, De
satyra romana eiusque auctoribus praecipuis, Oldenb., 1795, in-8°.
— CHERBULIEZ, *Observations sur la satyre latine*, Genève, 1829,
in-8°.

(1) *Atellanae* fabulae, sic dictae ab Atella Oscorum municipio,
aliquam similitudinem habuisse videntur cum Graecorum dramate
satyrico; unde *exodia atellana* dixerunt Romani quasdam fabulas,
quae maioribus peractis succederent. — De *atellanis fabulis* vide
VOSSIUM, Instit. poët. II, 35.

(2) TIT. LIVIUS, loc. cit. — VALER. MAX., loc. cit.

(3) Graecam poëtae originem arguit nomen ipsum Ἀνδρόνικος, quod
latine sonat *virorum victor*.

(4) Exstant hi comoediarum tituli: *Gladiolus - Lydius - Virgo.*
Tragoediarum vero huiusmodi: *Achilles - Adonis - Aegisthus - Aiax
- Andromeda - Antiopa - Centauri - Equus troianus - Elena - Hermiona -
Ino - Laodamia - Protesilaus - Tereus - Teucer.* Harum reliquias
vide apud REUVENS, Collectan. litter., pag. 30. - Inter fragmenta
veterum poëtarum latin., Parisiis, 1554, in-8° - apud DELRIUM,
Syntagma tragoed. latin., Lutetiae Parisiorum, 1619, pag. 93 et
seqq. - in collect. veterum tragicorum cum notis Scriverii et Vossii,
1693, in-8°.

(5) SVETON., De illustr. grammat., I.

(6) LIV.; loc. cit.

cimo, post Sophoclis et Euripidis mortem anno fere centesimo et sexagesimo.

Quinque post annos[1] Livii exemplum secutus *Cneius Naevius*, natione Campanus, animum appulit ad tragoedias[2], comoedias[3] et satyram, quarum legimus fragmenta apud Gellium, Servium, Macrobium aliosque[4]. Aiunt fuisse Naevium plenum facetiarum et mirae dicacitatis in scribendo[5]; quumque acerrime inveheretur in principes civitatis, in vincula coniectus est[6], et tandem Roma pulsus Uticae obiit anno urbis conditae quingentesimo, nono et quadragesimo[7].

Sapientia[8] et poëtica facultate Livium et Naevium longe superavit *Quintus Ennius* quem vulgo

---

(1) A. Gell., xvii, 21.

(2) En tragoediarum titulos, quorum exstant apud grammaticos fragmenta : *Alcestis - Danae - Equus troianus - Hector - Hesiona - Iphigenia - Lycurgus - Phoenissae - Protesilaus seu Laodamia.*

(3) Comoediarum tituli hi sunt: *Acontizomenos - Agido vel Agato - Agitatoria - Agryptiuntes - Apella - Assitogiula - Carbonaria - Clastidium - Colax - Corollaria - Cosmetria - Dementes - Demetrius - Diobolaria - Erularia - Figulus - Glaucoma - Gymnasticus - Hariolus - Lampadio - Lupus - Nautae - Pacilius - Pellex - Philemporos - Proiectus - Pulli - Quadrigemini - Sanniones - Stalagmus - Stigmatias - Tarentilla - Testicularia - Thermus - Triphallus - Tunicularia.*

(4) Hermannus, op. cit., § 30–37, pag. 629-638. — Bothe, Poëtae scenici Latinorum, tom v, pag. 79 et seqq. — Egger, op. cit., xiv, pag. 123 et seqq.

(5) Tull., De orat., ii, 63, 70.

(6) Plautus in mil. glor., act. ii, sc. 2, v. 256.

(7) Tull. in Brůto, xv. — Hieronymus in Euseb. Chron.

(8) V. Horat., Epist. lib. ii, 1, 50 : *Ennius et sapiens et fortis et alter Homerus.* Cf. A. Gellii xvii, 17, ubi noster laudatur, quod linguas tres, graecam, oscam et latinam, apprime calleret.

poëseos romanae parentem vocant, praesertim quod relicto Saturnio numero, versum heroicum aliaque Graecorum metra primus apud Romanos usurpavit [1]. Natus est Rudiis in oppido Calabriae anno post urbem conditam DXV [2]. Adolescens meruit primum bello Aetolico, postea vero in Sardinia, unde in urbem venit a Catone deductus [3]. Septuagesimum annum natus articulari morbo absumptus est, eiusque statua e marmore in sepulcro Scipionum fuit constituta [4].

Plurima scripsit Ennius [5], inter quae octo et viginti tragoediae, et comoediae quinque enumerantur [6]. Hoc autem fere convenit inter viros ele-

---

(1) Hoc gloriatur Ennius ipse apud TULLIUM in Bruto XVIII, et in Orat. LI. — Cf. LUCRET., De rerum nat., I, 118. — HIER. COLUMN. ad Ennii fragmenta, Amstelodami, 1707, in-4°, adnot. Hessel, pag. 9 et 10.

(2) TULL., Orat. pro Arch. poëta, IX; Tusc. disp. I, 1; Brut. XVIII. — SIL. XII, 396.

(3) CORN. NEPOS in vita M. Porc. Catonis, 1.

(4) TULL., loc. cit. — LIV., XXXVIII, 56. — PLIN., Hist. mundi, VII, 30, 31. — VALER. MAX., VIII, 14, 11. — OVID., Art. amat., III, 409.

(5) Ennius primus dicitur illius satyrae generis auctor, quam Lucilius subinde limatiorem fecit. Vide in hanc rem HORAT., Satyr. I, 10, 66. — DIOMED., III, 2, pag. 482 (ed. Putsch.).

(6) Tragoediarum tituli hi sunt: Achilles - Aristarchi - Aias - Alcestis - Alcmaeon - Alexander - Andromacha - Andromeda - Antiopes - Athamas - Cresphontes - Dulorestes - Erechtheus - Eumenides - Hectoris lytra - Hecuba - Iliona - Iphigenia - Medea - Medus - Melanippa - Nemea - Neoptolemus - Phoenix - Scipio - Telamon - Telephus - Thyestes. Comoediarum vero: Ambracia - Asotus - Caprunculum - Celestis - Pancratiastes. Harum reliquiae leguntur apud H. BOTHE, Poëtae scenici Latinorum, tom. v, Lipsiae, 1842, in-8° — PLANCK, Fragmenta Medeae, Gottingae, 1806, in-4°. — EGGER, op. cit., XX, pag. 144 et seqq.

gantiores, qui de Ennianis operibus scripserunt, Rudium poëtam plus ingenio atque inveniendi facultate, quam arte valuisse [1]. Quamquam vero Ennius dictus est ab Horatio [2] sermonem patrium ditasse; in universum tamen eius stilus horridior est, incomtaque lingua. Hinc acerrimo sane iudicio Quintilianus [3]: « Ennium, aiebat, sicut sacros vetustate lucos adoremus, in quibus grandia et antiqua robora non tantam habent speciem, quantam religionem. »

Post Ennium suppari aetate floruerunt complures alii comici et tragici poëtae, quorum pauculae reliquiae ad nos pervenerunt. Horum agmen ducit *P. Licinius Tegula*, seu *Imbrex*, cuius *Neaeram* comoediam memorat Aulus Gellius [4]. Hunc subsecuti sunt *M. Pacuvius* Brundusinus, et *L. Accius* Pisaurensis, tragoediae scriptores « clarissimi gravitate sententiarum, verborum pondere, auctoritate personarum. Caeterum nitor, et summa in excolendis operibus manus magis videri potest temporibus, quam ipsis defuisse. Virium tamen Accio plus tribuebant veteres; Pacuvium videri doctiorem volebant qui esse docti affectabant [5] ». Hic

---

(1) HORAT., Epist. ad Pis. 259 et seqq. — OVID., Trist. II, 424; Amorum, I, 15, 19.

(2) Epist. ad Pis. 56 et seq. .

(3) De instit. orat., X, 1, 88.

(4) XIII, 21. — Cf. LIV., XXI, 12, unde patet, Licinium hunc poëtam carmen condidisse a ter novenis virginibus, canendum.

(5) QUINTIL., op. cit., X, 1, 97. — Cf. HORAT. Ep. II, 1, 55 et seqq. — VELL. PATERC., II, 9. — De Pacuvio vide etiam TULL.,

septemdecim tragoedias scripsit et duas comoedias, quarum nonnulla exstant fragmenta (1) et tituli (2); Accio autem tribuuntur tres et quinquaginta tragoediae (3).

Longe infra Pacuvii et Accii laudem in tragoedia substiterunt *Attilius*, *C. Titius* et *C. Iulius*. Prioris enim *Electram* memorat Tullius (4), e Sophocle male

---

De orat., I, 58; II, 37; De divinat., I, 57; II, 64; in Bruto, LXIII, LXXIV; De finib., I, 2; VII. — De Accio OVID.; Am. I, 15, 19.

(1) Apud TULL., De divin., I, 57; II, 61; De finib., V, 22; De nat. Deor., II, 36. — VARR., NON., FEST. aliosque. — V. ROB. et HENR. STEPH., Fragm. vett. poëtar. latin., Parisiis, 1564, in-8°. — DELR., Syntagma trag. lat., Parisiis, 1620, in-4°. — SCRIVER., Collect. vett. tragic., Leidae, 1610, in-4°. — FRID. H. BOTHE, Poëtar. Latii scenic. fragm., tom. v, p. 98, 155. — Cf. STIEGLITZ, De Pacuv. *Duloreste*, Lipsiae, 1826, in-8°. — NAEKE, Opuscula philolog., t. I, p. 83-93, Bonn. 1842. — EGGER, op. cit., XXIV, p. 171-176.

(2) Tragoediarum hae sunt inscriptiones: *Anchises* - *Antiopa* - *Armorum iudicium* - *Atalanta* - *Chryses* - *Dulorestes* - *Hermiona* - *Iliona* - *Medus* vel *Medea* - *Niptra* - *Paulus* - *Periboea* - *Pseudo* - *Tantalus* - *Tarentilla* - *Teucer* - *Thyestes*. Comoediarum vero: *Mercator* - *Tunicularia*.

(3) *Achilles* - *Aegisthus* - *Aeneadae* seu *Decius* - *Agamemnonidae* - *Alcestis* - *Alcmaeon* - *Alphesiboea* - *Amphitruo* - *Andromacha* - *Andromeda* - *Antenoridae* - *Antigona* - *Argonautae* seu *Medea* - *Armorum iudicium* - *Astyanax* - *Athamas* - *Atreus* - *Automedia* - *Bacchae* - *Brutus* - *Chrysippus* - *Clytaemnestra* - *Deiphobus* - *Diomedes* - *Electra* - *Epigoni* - *Epinausimache* - *Erigona* - *Eriphyla* - *Eurysaces* - *Fidicinae* - *Hecuba* - *Hellenes* - *Iliona* - *Io* seu *Minotaurus* - *Melanippa* seu *Menalippus* - *Meleager* - *Myrmidones* - *Neoptolemus* - *Nyctegresia* - *Oenomaus* - *Paris* - *Pelopidae* - *Persidae* - *Philoctetes* - *Phoenissae* - *Prometheus* - *Stasiastae* seu *Tropaeum* - *Telephus* - *Tereus* - *Thebais* - *Trachiniae* - *Troades*. Harum fragmenta vide apud EGGER, op. cit., XXVIII, pag. 191-199.

(4) De finib., I, 2; Epist. ad Attic., XIV, 20. — Cf. SVETON. in Iul. Caesare LXXXIV. — VOLCAT. SEDIGIT. apud Gell., XV, 24. — VARRON., De ling. lat., lib. IV et VI.

conversam, in altero parum tragicas argutias notat [1], in tertio lenitatem sine nervis [2].

At nobiles ea tempestate inter comoediarum scriptores ferebantur *Q. Caecilius Statius* [3] Insuber, quem a gravitate laudat Horatius [4], *Q. Trabeas* [5], *Dossenus* [6]; praeterea *L. Afranius* [7], *Vettius Titinius* [8], *T. Quintius Atta* [9], *C. Aquilius* et *Turpilius*.

Poëtae comici et tragici, quos hactenus memoravi, si perpaucos excipias, fabulas docuerunt de Graecis sumtas ac versas, quod vel ipsae fabularum inscriptiones ostendunt. Hinc autem duplex apud Romanos tragoediae et comoediae genus. Nimirum

(1) In Bruto, xlv.

(2) Ibid., xlviii.

(3) Huius poëtae memorantur praesertim duae comoediae, *Plocium* et *Synephebi*. — V. Tull. in Bruto, lxxiv; Ep. ad Attic., vii, 3. — Quintil., x, 1, 99. — A. Gell., ii, 23; xv, 24. — Cf. Sagittar., Vita Stat. Caecilii, Altenb., 1672, in-8°. — Eius fragmenta leguntur apud Tull., De nat. Deor., iii, 30; Tuscul. disp., iv, 32. — A. Gell., ii, 23. — Botre, op. cit., t. v, pag. 125 et seqq. — Almeloveen, Fragm. comicor., Londini, 1713, in-fol., t. iii.

(4) Ep. lib. ii, 1, 59.

(5) Tull., De finib., ii, 4; Tuscul. disp., iv, 31. — A. Gell., xv, 24.

(6) Horat., Ep. ii, 1, 172.

(7) Tull. Brut., xlv; De finib., I, 3. — Horat., Ep. ii, 1, 57. Vell. Pat., I, 17. — Quintil., x, 1, 100.

(8) Huius reliquiae leguntur apud Non., Charis., Priscian. et Serv. En comoediarum titulos: *Barbatus - Caecus - Ferentinas - Fullones - Gemina - Hortensius - Illecebra - Iurisperita - Praelia - Privigna - Psaltria - Quintus - Setina - Tibicina - Varus - Veliterna.*

(9) Quintii Attae fabulae passim memorantur a grammaticis, quarum hae sunt inscriptiones: *Aedilicia - Aquae caldae - Conciliatrix - Epigrammata - Lucubratio - Matertera - Megalensia seu Megarensia - Socrus - Supplicatio - Tiro proficiscens.* — V. Horat., Ep. ii, 1, 79. — A. Gell., vii, 9.

tragoediae, quae graeco fonte manarent, *crepidatae* dictae sunt; quae vero in romano argumento versarentur *praetextatae* [1]. Haud aliter comoediae vel *palliatae*, vel *togatae* appellabantur, prout graecos vel romanos mores referrent [2].

Quamvis autem vetustiores illi poëtae romani ab aequalibus laudentur; in universum tamen constat, graecarum fabularum interpretationem tam parum feliciter eis cessisse, ut Quintiliano [3] sermo ipse patrius nativum illud atque elegans Atticorum genus recipere non videretur. « Neque id mirum, qua tempestate Quiritium ingenium ab omni graeco lepore abesset quam longissime, et scena Romae primum per Etruscos homines Osce peragi coepta, aliquid etiam priscae severitatis

___

(1) Tragoediae *crepidatae* a crepidis dictae fuerunt, quibus actores in graeca tragoedia utebantur. Constat autem, hunc crepidarum usum a Sophocle esse repetendum. *Praetextatae* vero nomen duxerunt a toga *praetexta*, quam romani magistratus et principes viri usurpabant. Vide in hanc rem Diomedem grammaticum et REUVENS, Collect. litter., cap. IV, sect. I, § 2.

(2) *Palliatae* et *togatae* comoediae nomen fecerunt *pallium* et *toga*. Vide REUVENS, loc. cit., § 2. — In togatis excelluit praesertim Afranius. V. HORAT. Ep. II, 1, 57. — VELL. PATERC. II, 9. — *Togatae* vero distinguebantur in *tabernarias*, *motorias*, *statarias* etc. — Hic vero haud abs re erit notare, Romanos, praeter tragoediam et comoediam, habuisse etiam *mimos*, qui ad comoediam propius accederent, hoc praesertim discrimine, quod in *comoedia* hominum vitia a pluribus personis perstringebantur, in *mimis* ab una tantum persona. Quemadmodum vero *mimi* pro diverso argumenti genere alia etiam donarentur appellatione, vide apud REUVENS loc. cit., § 5 et 6. — Idem in Sect. III agit de *fabula Rhintonica*, cuius auctor fertur Rhinton Tarentinus.

(3) De inst. orat. x, 1, 100.

retineret (1). » Caeterum horum praesertim poëtarum opera factum est, ut Romani asperitatem
paullatim exuerent, eorumque litterae exeunte
saeculo sexto (2) post urbem conditam sese aliquantulum erigerent. Exinde spes tandem coepit illu-
cescere, futurum ut romana gens aliquando ad
Graecorum gloriam in litteris adsurgeret.

§ 2.

M. Attius Plautus.

Hactenus de antiquioribus poëtis scenicis, quorum opera nobis tempus invidit. Venio nunc ad
illos, qui ex communi naufragio enatarunt, et
doctorum manibus etiamnum teruntur. Horum
princeps, si temporis rationem habeamus, est
M. Attius Plautus, qui Sarsinae natus in Umbria
anno urbis conditae DXXVII, vix tertium et quadragesimum aetatis annum ingressus decessit (3).
Hic quum admodum adolescens comoediis scri-
bendis operam dedisset, mox divitiarum studio
ductus ad mercaturam se contulit. Sed adversa
usus fortuna, pauper Romam rediit, ibique, ut

---

(1) BOUCHERON. in praefat. ad comoed. Terentii, edit. Aug. Taurinorum, an. MDCCCXXV.

(2) Sub idem tempus, hoc est anno DLXXX, qui fuit alter post
Ennii obitum, prima bibliotheca in urbe Roma publice patuit, V.
REUSCH., Dissert. de biblioth. roman.

(3) TULL. in Bruto, XV.

quotidianum sibi victum pararet, ad circumagendas molas manuarias seu trusatiles, quas vocabant, pistori operam suam locare coactus fuit. Quumque molam in pistrino versaret, horis subsecivis, quibus ab eo labore otium erat, ad intermissum comici poëtae officium dicitur sese revocasse [1].

De numero fabularum, quas Plautus exaravit, mirum quantum dissentiant critici inter se. Alii enim unam et viginti enumerant, alii quinque et viginti, nonnulli quinque et triginta, vel quadraginta; nec desunt qui centenas et triginta [2]. Quum autem in tanta opinionum discrepantia nihil omnino certi possimus affirmare, satis sit dicere, aetate nostra viginti superesse fabulas, quae omnium consensu a Plauti ingenio profectae fuisse creduntur. In singulis enim eadem ratio apparet. Harum vero tituli sunt: *Amphitruo, Asinaria, Aulularia, Bacchides, Captivi, Casina, Cistellaria, Curculio, Epidicus, Menaechmi, Mercator, Miles gloriosus, Mostellaria, Persa, Poenulus, Pseudolus, Rudens, Stichus, Trinummus, Truculentus* [3].

Festivissimi ingenii vir fuit Plautus, et totius

---

(1) A. GELLIUS, III, 3. — De vita, obitu et scriptis M. Attii Plauti dissertationem edidit PHIL. PAREUS in sua Plautina fabularum editione. Francof., 1641, in-8°. — Vide etiam. GASP. SAGITTAR., De vitis Plauti, Terentii etc. Altenb. 1671, in-8°.

(2) A. GELL. loc. cit.

(3) Praeter viginti basce fabulas nonnulla exstant deperditarum fragmenta apud Georgium Fabricium, Taubmannum, Phil. Pareum; et memoria nostra FRID. OSANN scripsit *Analecta critica, poësis Romanorum scenicae reliquias illustrantia*, ubi leguntur *Plauti fragmenta ab Ang. Maio in cod. Ambros. reperta*. Berolini, 1816, in-8°.

latinae comoediae parens iure a doctissimis semper
habitus est. Quamquam vero pleraque comoediarum argumenta graeco fonte derivavit; ita tamen
Philemonem, Diphilum, Apollodorum, Epichar-
mum aliosque est imitatus, ut ab eorum vestigiis
pro opportunitate recederet. Quod sane Umbro
poëtae haud difficile fuit, qui singulari excogitandi
vi atque acumine esset donatus. In nodi solutione
interdum claudicat noster; at spectatores insolitis
quibusdam casibus afficit, quos coniectura nondum
prospexerant. Praeterea hominum ingenia et mores
graphice depingit, omniaque tamquam sale, venu-
stissimis iocis adspergit (1).

Ad Plautinam vero dictionem quod attinet, adeo
pura et elegans visa est, ut Marcus Varro scribere non dubitaverit, Musas Plautino sermone lo-
cuturas fuisse, si latine loqui vellent (2). Quamvis
autem eae locutiones apud Sarsinatem nostrum
identidem occurrant, quas ἀρχαϊσμοὺς Graeci
appellant (3), nativus tamen ille sermonis candor
in eius fabulis elucet, quem alibi nequicquam
quaeras.

Nec facit quod Horatius (4) Plautinos numeros
et sales improbaverit. Horatiana haec reprehensio
aetati magis consentanea dicenda est quam vera.

(1) TULL., De offic., I, 29. — A. GELL. loc. cit. — MACROB.,
Saturnal., II, 1.

(2) QUINTIL., De Inst. orat., X, 1, 99.

(3) V. HENRICI STEPHANI de Plauti latinitate dissertationem, quam
subtexuit libello De latinitate falso suspecta. Parisiis, 1578, in-8°.

(4) Epist. ad Pis., v. 270 et seqq.

Quum enim tunc temporis « per otia pacis graeca elegantia animadverti coepta fuisset, mirum quantum immutati civitatis mores in linguam influxerint. Quum autem quidpiam summe expolitum in poëtis requireretur, quod recentioris aetatis cultum referret, Plautinae comoediae in calumniam inciderunt (1). »

§ 3.

Publius Terentius.

Quemadmodum vi comica et sermonis festivitate excellit Plautus ; sic arte potissimum laudatur (2) *Publius Terentius*, qui Carthagine ortus anno urbis ferme quingentesimo, secundo et sexagesimo, variis belli casibus Romam fuit delatus. Ibi servitutem serviit Terentio Lucano senatori, qui, cognito illius ingenio, artibus liberalibus erudiendum curavit, et mox manumisit. Vita usus est admodum brevi. Namque vix quinque et triginta annos natus, quum in Arcadiam se contulisset Graecorum mores inspecturus, nunquam postea est visus. De ipsius morte alii alia per coniecturam scripserunt (3). Caeterum quamdiu Romae vixit, familiarissime utebatur Scipione Africano et Caio Laelio. Unde factum est, ut nonnulli existimarent, ipsum

(1) BOUCHERON. in praef. ad Horat. edit. Taur. MDCCCXXX.
(2) HORAT., Epist. II, 1, 59.
(3) SVETON. in vita P. Terentii

in comoediis condendis ab hisce doctissimis viris adiutum fuisse [1]. Hanc vero suspicionem fovit exquisita Terentiani sermonis elegantia, quam hominem, natione Afrum, vix consequi posse putabant Romani.

Terentii comoediae sex adhuc supersunt: *Andria* videlicet, *Eunuchus*, *Heautontimorumenos*, *Adelphi*, *Phormio*, *Hecyra*. Harum quidem argumenta ex Menandro et Apollodoro noster expressit; nodum tamen atque οἰκονομίαν, quam vocant, sic immutavit, ut e penu suo depromtae videantur.

In describendis hominum studiis plane singularis dicendus est Terentius. In eius fabulis maxima urbanitas praesertim spectatur, mira orationis venustas et mundities [2], dialogus artificio quodam et varietate distinctus, acerrimum iudicium, plenissima communis naturae cognitio. Siqua'vero in Terentianis comoediis culpantur, ea temporibus potius quam poëtae vitio tribuenda, qui veterum mores et instituta diligenter effinxit.

---

(1) TULL., Epist. ad Attic., vII, 3. — QUINTIL., De inst. orat., x, 1, 99. — Cf. prologum Terentianae comoediae, quae inscribitur *Adelphi*.

(2) V. apud SVETON. (Vita P. Terentii, v) carmina de Terentio, quae vulgo C. Caesari tribuuntur. — VELL. PATERC., I, 17. — IUL. SCALIG., Poët., lib. IlI, cap. 97.

CAPUT IV.

DE POESI EPICA.

L. Livius Andronicus. – Cn. Naevius. – Q. Ennius.

Livius ille *Andronicus*, quem primum diximus Romae fabulas docuisse, Odysseam quoque latinam condidit (1), quam ex Homero videtur interpretatus. Huius reliquias ex veteribus grammaticis collegit, et cum locis Homericis, unde profectae sunt, diligenter contulit Hermannus, vir doctissimus (2). In his autem, non secus atque in fabularum fragmentis, horridus ille occurrit et illepidus sermo iam ab Horatio notatus (3); quo factum est ut Cicero (4) Livianam Odysseam cum rudi aliquo Daedali opere compararet.

At omnium primi res romanas epicis versibus cecinerunt *Cneius Naevius* et *Q. Ennius*. Ille enim carmen historicum (5) luculente quidem, ex Tullii sententia (6), sed minus polite exaravit de primo Punico bello, in quo stipendia fecerat. Hic vero

---

(1) Heroici huiusce carminis mentio occurrit apud Gellium ul, 16; vil, 7; xvul, 9. — Priscian. vi, 4, 8; vil, 6, 8; vul, 11; ix, 6. — Praeterea passim apud Non., Fest., Diomed. aliosque veteres grammaticos. — V. EGGER, op. cit., pag. 116.

(2) Elementa doctr. metr., ul, 9, § 11-29, pag. 617-628.

(3) Epist. il, 1, 69-75.

(4) In Bruto, xvul.

(5) Naevii librorum de bello punico fragmenta edidit E. Spangenberg. Lipsiae, 1825, in-8°.

(6) In Bruto, xix.

praeter poëma de bello Punico secundo, quod digessit versibus trochaicis, cuique *Scipioni* nomen
fecit, annalium libros xviiI panxit carmine heroico [1], in quibus Romanorum historiam ab antiquissimis temporibus ad aetatem suam ita est
persecutus [2], ut ingenio quidem nobilis, sed arte
carens poëta merito dictus sit.

CAPUT V.

DE POESI DIDACTICA.

T. Lucretius Carus.

Per haec ferme tempora ad poësin didacticam,
quam Ennius primum apud Romanos excogitaverat,
animum adiunxit *T. Lucretius Carus*, natus ex familia equestri romana anno urbis conditae DCLIX.
Huic, fiorenti adhuc aetate, memoriae proditum
est, amatorium poculum ab uxore aut Lucilla

---

(1) De Ennii operibus vide QUINTIL., De inst. orat., x, 1, 88.

(2) De huiusce operis argumento vide PROPERT., Eleg. ul, 2,
5 et seqq. — Cf. TULL., Tuscul. disput. I, 15. — Ennii fragmenta,
quae passim leguntur apud Varronem, Tullium, A. Gellium aliosque, vide apud Hieron. Columnam. Neapoli, 1590, in-4°. — Eadem
curante P. Merula, Lugduni Batav., 1595, in-4°. — Hoch, de En-
nianorum annalium fragmentis a P. Merula auctis, Bonn., 1839,
in-8°. — Amstelodami, adnotante Hessel, 1707, in-4°. — Opera
et studio E. Spangenberg, Lipsiae, 1825, in-8°. — EGGER, op. cit.,
xx, pag. 137 et seqq. — In fragmenta Liv. Andronici, Q. Ennii,
C. Naevii, M. Pacuvii, L. Attii vide castigationes et notas G. Ioann.
Vossii. Amstelodami, 1699, in-fol.

amica fuisse propinatum, quo in furorem actus semetipsum interfecit, quum annum aetatis ageret quartum et quadragesimum.

Epicureae doctrinae sectator Lucretius, hanc poëmate suo complexus est *De rerum natura*, quod sex libris continetur, carmine heroico exaratis. In quorum primo et secundo docet quae et qualia sint rerum primordia, quibus figuris distincta, quo motu ferantur, et quonam modo caetera procreent. In tertio animae naturam fusius explicat; in quarto agit de imaginibus, quibus homines tum vigilantes, tum dormientes affici consueverunt. In quinto totus est ut confirmet, solem, terram, mare, hanc denique mundi compagem neque ab aeterno fuisse, neque aeternum duraturam; in sexto demum diligentissime veterum opiniones persecutus de meteoris, Deorum providentiam totis viribus oppugnat; tum vero quaedam disputat de morbis et peste, et poëma suum claudit eleganti pestilitatis illius descriptione, quae exardescente bello Peloponnesiaco Athenas vastavit.

Lucretianum carmen elegans est [1], non multis ingenii luminibus distinctum, sed multa quidem arte expolitum [2]. Quamquam vero obsoletis verbis abundat atque ab usu quotidiani sermonis intermissis; non parum tamen ipsius lectio confert ad linguae latinae ubertatem ac proprietatem. Huic

---

(1) QUINTIL., x, 1, 87.
(2) TULL., Epist. ad Quintum fratrem II, 11. — Cf. OVID., Amor. I, 15, 23.

iudicio suffragatur acutissimus ille harum elegan-
tiarum arbiter Carolus Boucheronus, quum ait:
« Lucretium, interioris doctrinae poëtam, eum
esse, ut qui semel adamarunt, nunquam fere e
manibus dimittant, ob reconditos sensus et antiquitatis effigiem, quam in asperiore adhuc lingua,
necdum emollitis numeris, retinuit [1] ».

Ne cui vero mirum sit, Lucretianum opus pau-
cioribus, quam reliqua Romanorum carmina, al-
tioris poëseos luminibus nitere. Hoc enim non tam
scriptoris ingenio, quam ipsi rei naturae est tribuendum, quam noster tractandam suscepit. · Siquidem vel ingeniosissimo viro vix licebit locos
ex intima quaestionum naturalium subtilitate re-
petitos, poëticis amoenitatibus exornare. Ad haec
quum doctrina Epicurea, quam Lucretius profite-
tur, Deorum providentiam atque animorum immortalitatem respuat, ac propterea nunquam ad
ea adsurgat, quae sub sensus non cadunt, subli-
mes illos spiritus exstinguit, qui orationem attol-
lunt. Ex quo iam patet, quanto Christiana sapientia,
et Platonica doctrina ad poësin excolendam magis
conferant, quam illa philosophorum placita, qui
potiusquam mortalium animos ad coelum erigant,
humi defigere consueverunt.

---

[1] In praefat. ad Lucret., edit. Taurin., an. MDCCCXXXI.

CAPUT VI.

DE SATYRA.

Caius Lucilius.

Rudioris aetatis notam non minus quam scenici atque epici poëtae praeseferunt *Caii Lucilii* satyrae, quem aiunt Suessae ortum fuisse in oppido Campaniae ineunte saeculo septimo [1]. Hic primus insignem laudem est adeptus in eo satyrae genere [2], quam Ennius et Pacuvius invexerant, quaeque postea summam expolitionem accepit ab Horatio, Persio et Iuvenale. Sed quum triginta satyrarum libri, quos versu hexametro condidit Lucilius, praeter perpaucas reliquias [3], nunc plane desiderentur, veterum iudicio nobis est acquiescendum. Quamquam vero in contrarias sententias abeunt [4]; inde tamen hoc videtur colligi posse, in Lucilio

---

(1) De Luciliana aetate mirum quantum dissentiant critici inter se. Vide in hanc rem HORAT., Satyr. II, 1, v. 32. — VELL. PATERC., II, 9. — Cf. BAYLE, *Dict. hist.*, art. *Lucilius.* — VARGES, Specimen quaestionum Lucilianarum in Rheinisches museum, 1835, pag. 42 et seq.

(2) QUINTIL., De inst. orat., x, 1; 93, 94. — Inter *Ennianam* et *Lucilianam* satyram hoc interest, quod illa, uti ait Diomedes (III, p. 482) variis poëmatis constaret, haec autem versu hexametro esset conscripta. (V. cap. III).

(3) V. DOUSA, Fragm. vett. poëtar. latin. Lugduni Batav., 1597, in-4°. — Cura Antonii Vulpii, 1735, in-8°. — Apud Havverkampium in editione Censorini, 1743, in-8°. — Cum Persio et Iuvenale, Bipont., 1785, in-8°. — In Persii editione, Parisiis, 1812.

(4) TULL., De orat. II, 6; de finib. I, 3; ep. ad Attic. XII, 5; de orat. I, 6. — HORAT., satyr. I, 4, v. 1-13; satyr. I, 10, v. 1 et seqq. — QUINTIL., x, 1, 93, 94.

ingenium atque urbanos sales fuisse laudandos,
quibus homines perstringeret ; duriusculos autem
atque impolitos versus, et caetera vitia, quae in
eo notabantur, ex doctrinae defectu et quadam
negligentia manasse, qua ille in scribendo ute-
·retur. Cuius rei caussam affert Tullius [1], quum
ait, non tam doctos tunc fuisse Romanos, ad
quorum iudicium Lucilius elaboraret.

CAPUT VII.

DE HISTORIA.

Q. Fabius Pictor. — L., Cincius Alimentus. —
M. Porcius Cato, aliique rerum gestarum narratores.

A scriptoribus, qui primum apud Romanos
poësin tractarunt, iam venimus ad illos, qui soluta
oratione usi, suo quodam iure nomen historicorum [2] sibi vindicare videntur. Horum princeps
memoratur *Q. Fabius Pictor*, quem T. Livius scriptorum antiquissimum vocat [3]. Hic circa tempora
belli Punici secundi libros v annalium [4] dicitur

---

(1) De finib. I , 3.

(2) Iam Naevius atque Ennius, de quibus supra memoravimus,
annales condiderant numeris adstricta oratione.

(3) Lib. I , 44. — Passim a Livio memoratur. Vide lib. I, 55; ii,
40 ; viii, 30 ; x, 37; xx, 7.

(4) Horum reliquiae exstant in libro Ant. Riccoboni de historia,
cum fragmentis historicorum veterum latinorum. Basileae, 1579,
in-8°. Item in fragmentis historicorum ab Ausonio Popma collectis
atque illustratis. Amstelodami, 1690, in-8°.

exarasse, et rerum naturalium libros xvI, qui
temporis iniuria exciderunt. Eadem ferme tempestate Hannibalis historiam aliaque complura, quae
nunc desiderantur [1], scripsit *L. Cincius Alimentus*,
qui a T. Livio laudatur tamquam diligens veterum
monumentorum auctor [2].

Sed omnibus huiusce aetatis historicis longe
praestitit *M. Porcius Cato* Censorius, a quo primum
aliquod artis criticae lumen romanae historiae fuit
admotum. Celeberrimus hic vir ortus municipio
Tusculo anno urbis conditae DXX, obiit octoge-
nario maior ineunte bello Punico tertio, quod ipse
persuaserat. « In omnibus rebus singulari fuit
prudentia et industria. Nam et agricola solers,
et reipublicae peritus, et iurisconsultus, et magnus imperator, et probabilis orator, et cupidissimus litterarum fuit. Quarum studium etsi senior
arripuerat; tamen tantum in eis progressum fecit,
ut non facile reperire possis, neque de graecis,
neque de italicis rebus quod ei fuerit incognitum.
Ab adolescentia confecit orationes. Senex scribere
historiam instituit, quarum fuere libri septem.
Primus continebat res gestas populi romani; secundus et tertius unde quaeque civitas orta sit
italica; ob quam rem omnes (libros) *origines* vi-

---

(1) Praeter Hannibalis historiam graeco sermone exaratam, uti
narrat Dionysius Halicarnasseus lib. I, scripsit latine historiam de
Gorgia Leontino, librum de fastis, de comitiis, de consulum potestate, de officio iurisconsulti, mystagogicon libros duos, librum
unum de verbis priscis, denique libros sex de re militari.

.(2) Lib. vII, 3. - Cf. lib. xxI, 38.

detur appellasse; in quarto autem bellum Punicum primum; in quinto secundum. Reliqua bella pari modo persecutus est usque ad praeturam Ser. Galhae, qui diripuit Lusitanos [1] ». Scripsit praeterea librum de re militari [2], narrationem de expeditione Hispanica, apophthegmata, seu dicta memorabilia [3], et carmen *de moribus.*

Verum haec omnia, praeter nonnulla fragmenta [4], nunc desiderantur. Quare ubi velimus de iisdem iudicium proferre, ad veteres tantummodo est adeundum, qui ea legere. Ex his autem Tullium potissimum audiamus, cuius haec sunt verba: « Catonem quis nostrorum oratorum, qui quidem nunc sunt, legit? aut quis novit omnino?... Quis illo gravior in laudando? acerbior in vituperando? in docendo edisserendoque subtilior? Refertae sunt orationes amplius centum quinquaginta (quas quidem adhuc invenerim et legerim) et verbis et rebus illustribus. Licet ex his eligant ea, quae notatione et laude digna sint, omnes oratoriae virtutes in eis reperientur. Iamvero *origines* eius quem florem, aut quod lumen eloquentiae non habent?... Ornari orationem Graeci putant, si

(1) CORNEL. NEPOS in vita Catonis, III.

(2) V. PLIN. in praefat. Hist. mundi.

(3) TULL., De offic. I, 29.

(4) Catoniana, sive M. Catonis quae supersunt fragmenta, nunc primum seorsum auctius edidit H. A. LION. Gottingae, 1826, in-8°. — Fragmenta oratorum romanorum ab Appio inde Caeco et M. Porcio Catone usque ad Q. Aurelium Symmachum collegit atque illustravit H. MEYER. Turici, 1832, in-8°. - Parisiis, 1837. - Turici, 1842.

verborum immutationibus utantur, quas appellant τρόπους, et sententiarum orationisque formis, quae vocant σχήματα. Non verisimile est, quam sit in utroque genere creber et distinctus Cato [1] ... Intelliges, nihil illius lineamentis, nisi eorum pigmentorum, quae inventa nondum erant, florem et colorem defuisse [2] ».

Haec de Catonis operibus deperditis. Restat ut pauca dicamus de eius libro de *re rustica*, qui solus adhuc exstat. Hanc opellam aiunt critici, talem ad nos non pervenisse, qualem auctor ipse ad filium perscripserat, sed a grammaticis foede detruncatam atque interpolatam fuisse, varios pannos ex aliis Catonis libris adsuendo. Sed quaecumque demum ea sit, magni tamen facienda, tamquam monumentum historicum. Siquidem antiquior sermo et quaedam horridiora verba, quae ibi occurrunt, non modo ipsum Catonis animum depingunt, sed et romanarum litterarum illius aetatis specimen nobis exhibent verissimum.

Extremis Catonis temporibus editi fuerunt Romae

(1) In Brut., xvii.

(2) Ibid., lxxxvii. — Catonem passim laudat Tullius, praesertim vero in libro de senectute; De orat. ii, 33. — Cf. Plutarch. in vita Caton. — Liv. xxxix, 40. — Plin. vii, 27. — Valer. Max. aliosque. Inter recentiores autem iuvabit adire G. C. Brillenburg, Dissert. litter. in M. Porc. Catonis quae supersunt scripta et fragmenta. Utrecht, 1826, in-8°. — Ellendt, Hist. eloquentiae rom., § xiii. Königsberg, 1825, in-8°. — G. E. Weber, Commentatio de M. Porc. Catonis Censorii vita et moribus. Brême, 1831. — A. Krause, Vitae et fragm. veterum historicorum roman. Berolini, 1833, in-8°, pag. 89-125.

annales *L. Scribonii Libonis, Auli Postumii Albini,* qui consul fuit paullo ante bellum Punicum tertium, atque haud ita multo post *L. Calpurnii,* et *C. Calpurnii Pisonum.*

Hos subsecuti sunt *L. Cassius Hemina,* qui libros quatuor annalium conscripsit; tum *C. Fabius Maximus Servilianus, Caius Fannius, C. Sempronius Tuditanus* et *L. Coelius Antipater,* quorum opera historica passim a veteribus memorantur.

Ad eandem ferme aetatem pertinent *Sempronius Asellio, Clodius Licinius, Cn. et Sext. Gellii, Iunius Gracchanus, P. Rutilius Rufus, Q. Lutatius Catulus, L. Cornelius Sylla, L. Ottacilius Pitutus, Manilius Senator, L. Cornelius Sisenna, Q. Claudius Quadrigarius, Acilianus, Q. Valerius Antias, C. Licinius Macer, Pompilius Andronicus,* aliique nonnulli, quorum libri interciderunt.

Verum si *Antipatrum* excipias, quem constat maiorem vocis sonum historiae addidisse, et *L. Sisennam,* qui dicitur a Tullio [1] superiores omnes historicos facile superasse, caeteri, quos hactenus enumeravimus, sine ullis ornamentis monumenta solum temporum, hominum, locorum, gestarumque rerum reliquerunt; et dum intelligeretur quid dicerent, unam dicendi laudem putabant esse brevitatem. Quamquam vero alius alio plus habet virium; attamen non exornatores rerum, sed tantummodo narratores dicendi sunt [2].

---

(1) De legibus, 1, 2.

(2) TULL., De orat. II, 12; De legib. loc. cit.; in Bruto passim.

CAPUT VIII.

DE ELOQUENTIA.

Quum Romae post exactos reges omnia quae ad rempublicam pertinebant populi arbitrio regerentur, mature eloquentia excoli debuit, cuius est populi voluntates impellere quo velit, unde autem velit deducere. Hinc factum est, ut, quamdiu populare imperium Romae stetit, nemo ferme fuerit acutioris ingenii vir, quin summo studio ad eloquentiam niteretur. Sed, uti pleraque mortalium habentur, exiguis etiam initiis profecta romana eloquentia est; ut primo satis videretur, siquis naturali quadam dicendi vi esset instructus, nulla doctrinae habita ratione [1].

Romanae eloquentiae historiam nobis exhibet Tullius in libro, qui inscribitur *Brutus*, ubi enumeratis breviter graecis oratoribus, ad romanos accedit [2]. *Marcum* vero *Cornelium Cethegum* primum memorat, de quo sit memoriae proditum fuisse eloquentem [3]; tum *M. Catonem* Censorium, cuius orationes cum Lysianis comparat. Post hunc complures recenset, qui cum eo grandiores natu vixerunt [4]; in quibus *Scipionem Africanum* eiusque

— Vide Krause, Vitae et fragm. veter. historicorum roman. Berolini, 1833, in-8°.
(1) Tull., Tusc. disput. I, 3.
(2) In Brut., cap. xiv.
(3) Ibid., xv.
(4) Ibid., xx.

filium. Deinde minores aetate *C. Sulpicium Gallum*, *L. Cottam*, *L. Paulum Macedonicum*, praesertim vero *C. Laelium*, *P. Africanum* iuniorem et *Serv. Sulpicium Galbam* (1), quos doctos atque eloquentes in primis appellat. Huius tamen orationes queritur · fuisse exiliores, et redolentes magis antiquitatem, quam aut Laelii aut Scipionis (2).

At superioribus longe eloquentia praestiterunt *M. Aemilius Lepidus* cognomento *Porcina*, *C. Carbo*, *Tiberius et Caius Gracchi*. Et in Lepido quidem Graecorum lenitatem et verborum comprehensionem et artificem stylum laudat Tullius (3); Carbonem et Tib. Gracchum in summis oratoribus habitos fuisse testatur, eorumque orationes memorat nondum satis splendidas verbis, sed acutas prudentiaeque plenissimas (4); Caium denique oratorem dicere non dubitavit grandem verbis, sapientem sententiis, genere toto gravem, et iuventuti praesertim legendum, proptereaquod non solum acuere, sed etiam alere ingenium posset (5).

Hos autem aliosque passim memoratos in Bruto (6) aetate consecuti sunt *M. Antonius* (7) et *L. Licinius*

(1) Ibid., XXI. - Cf. Tuscul. disput., I, 3; - De orat. III, 7; - Do offic. I, 33.

(2) In Brut., ibid.

(3) Ibid. XXV; Tuscul. disput. I, 3.

(4) Ibid. XXVII; Tuscul. disput. loc. cit.

(5) Ibid. XXXII.

(6) Cap. XV, XVI, XVIII, XXXII.

(7) De Antonio vide in Brut. cap. XXXVII et XXXVIII; De orat. II, 1; III, 3.

Crassus [1], quorum uterque propter egregiam dicendi facultatem una cum Sulpicio, Scaevola, Catulo et Cotta loquens inducitur a Tullio in libris de oratore.

Eiusdem ferme aetatis fuit *C. Titius* eques romanus, qui, teste Cicerone [2], eo pervenisse videtur, quo potuit fere latinus orator sine graecis litteris et sine multo usu pervenire. Huius orationes tantum argutiarum, tantum exemplorum, tantum urbanitatis habent, ut pene Attico stylo scriptae esse videantur.

Denique ut nonnullos omittamus, quorum mentionem iniicit Tullius [3], duobus illis summis Crasso et Antonio proximi accesserunt *L. Philippus*, satis creber in reperiendis, solutus in explicandis sententiis [4]; et *Iulius Caesar Strabo*, quo nemo unquam fuerat urbanitate, lepore et suavitate conditior [5].

Oratorum scriptiones, de quibus hactenus dictum est, nunc plane desiderantur, praeter perpauca fragmenta, quae Meyerus diligentissime nuper collegit atque illustravit [6]. Caeterum etsi

---

[1] Crassi laudes vide in Brut. cap. xxxviiI et xliv. - Cf. de offic. I, 30, 37; iI, 18; De orat. I, 56.

[2] In Brut. xlv.

[3] In Brut. xlvI.

[4] Ibid. xlviI.

[5] Ibid. xlviiI.

[6] Fragmenta oratorum romanorum ab Appio inde Caeco et M. Porcio Catone usque ad Aurelium Symmachum coll. et ill. H. MEYER. Turici, 1832, in-8°.

huiusmodi oratores tamquam summi et singulares
viri in Bruto laudantur; ita tamen de horum laudibus Ciceroni est assentiendum, ut non iam per-
fectam iis eloquentiam tribuamus, sed illorum
orationes, ut illis temporibus, valde probandas
putemus (1).

CAPUT IX.

DE PHILOSOPHIA.

Ante Lucretium, de quo supra memoravi, philosophia nullum habuerat lumen litterarum latinarum. De hac vero nunc pauca dicturo apte mihi
cadere videntur quae habet Tullius in Tusculanis
Disputationibus (2). « Sapientiae studium, ait ille,
vetus id quidem in nostris (3); sed tamen ante
Laelii aetatem et Scipionis, non reperio quos appellare possim nominatim. Quibus adolescentibus
Stoicum Diogenem, (Critolaum Peripateticum) et
Academicum Carneadem video ad senatum ab Athe-
niensibus missos esse legatos : qui quum reipublicae nullam unquam partem attigissent ... nunquam profecto scholis essent excitati, neque ad
illud munus electi, nisi in quibusdam principibus,

(1) Vide in hanc rem Tullium ipsum in Bruto, LXXXV, LXXXVI.

(2) Lib. IV, 3.

(3) Spectant Tulliana haec verba ad Pythagoram, qui fuit in
Italia iis temporibus, quibus L. Brutus patriam liberavit. Illius autem doctrinam in romanam civitatem permanavisse, quum coniectura probabile est, tum quibusdam etiam vestigiis indicatur.

temporibus illis fuissent studia doctrinae. Qui quum caetera litteris mandarent, alii ius civile, alii orationes suas, alii monumenta maiorum; hanc amplissimam omnium artium, bene vivendi disciplinam vita magis quam litteris persecuti sunt. Itaque illius verae elegantisque philosophiae, quae ducta a Socrate in Peripateticis adhuc permansit... nulla fere sunt, aut pauca admodum latina monumenta, sive propter magnitudinem rerum occupationemque hominum, sive etiam quod imperitis ea probari posse non arbitrabantur. »

Ab hac igitur legatione, quae Romam venit anno urbis conditae DXCVIII, romanae philosophiae initia et incrementa sunt repetenda. Tunc enimvero quum alii alium ex hisce philosophis sequerentur, Stoicam praesertim rationem adamarunt *Scipio Africanus minor*, *Caius Laelius* et *L. Furius Philus*, qui ea tempestate Romanorum principes ferebantur. Quum autem mortuo Diogene, Panaetium Rhodium, Stoicum celeberrimum audirent, huius disciplinae socios nacti sunt *C. Fannium*, *Q. Mucium Scaevolam*, *Q. Aelium Tuberonem*, *M. Vigellium*, *P. Rutilium Rufum*, *Sextum Pompeium*, *A. Virginium*, *Q. Lucilium Balbum*, postremo complures iurisconsultos, qui rigida Stoicorum placita romani iuris severitati apprime convenire existimabant [1].

Reliquis philosophorum familiis, atque Epicureae in primis nomen etiam dare coeperunt Romani.

[1] Vide in hanc rem LYNDENIUM in disputatione de Panaetio, P. 1, § 7.

Iuvat tamen in universum animadvertere, perpaucos omnino tunc fuisse, qui se philosophos profiterentur; caeteros autem ita se ad philosophiam contulisse, ut ad percipiendam colendamque virtutem illius studio adiuvarentur, atque inter graviores reipublicae curas honestam inde animi remissionem peterent (1).

CAPUT X.

DE IURISPRUDENTIA.

In summo pretio vel ab antiquissimis temporibus fuisse apud Romanos iurisprudentiam, et clarissimos viros huiusce studio praefuisse constat, quam eloquentiae tamquam ancillulam et pedissequam adiungerent. Sed quum germana iuris et legum scientia ex media philosophia, ut ait Tullius, sit penitus haurienda, nil mirum, si hac tempestate romani iuris interpretes ad illam praestantiam nequiverunt assurgere, qua postmodum inclaruere qui omne ius civile antea diffusum et dissipatum, in certa quaedam genera digerentes, ad artem facile redegerunt.

Omnium vero, qui hac aetate iurisprudentiam excoluere, primus enumeratur *Marcus* ille *Cato*, cuius commentarios memorat Tullius in libris de

_____

(1) V. TULL., Oral. pro Archia poëla, vil.

oratore (1). Hunc consecuti sunt *P. Mucius Scaevola*, *M. Iunius Brutus*, *M. Manilius* (2); tum *Crassus*, quem eloquentium iurisperitissimum, et *Q. Mucius Scaevola*, quem iurisperitorum eloquentissimum Cicero appellat in Bruto (3). Qui quidem Scaevola, quum peracutus esset ad excogitandum quid in iure aut in aequo verum aut esset aut non esset, primus dicitur ius civile constituisse (4).

CAPUT XI.

DE GRAMMATICA.

Antequam priori huius historiae parti finem imponamus, nonnulla de *grammatica* supersunt dicenda, hoc est de arte emendate loquendi, quae diutius apud Romanos, ne in usu quidem, nedum in honore ullo fuit. Qua in re Svetonium praesertim sequemur, cuius exstat *de illustribus grammaticis* liber singularis.

Grammaticae fines (quam in latinum transferentes *litteraturam* vocarunt), multo latius quam nunc olim patuisse constat ex Quintiliano (5). Ni-

---

(1) I, 37; II, 33; Cf. Liv. xxxix, 40. — Cornel. Nep. in vita Caton. iii. — Pompon. fl., lib. I, tit. 2, de origine iuris.

(2) Pompon. loc. cit.

(3) xxxix. - Cf. de orat. I, 39.

(4) De iurisconsultis romanis vide Bach., Histor. iurisprudentiae rom.

(5) De inst. orat. II, 1. — Cf. Varron. apud Mar. Victor., de metris, c. 1. — Tull., De divinat. I, 51; de orat. I, 42.

mirum quatuor illa partibus continebatur; *lectione* seu legendi arte ; *emendatione librorum; enarratione scriptorum*, praesertim vero poëtarum atque historicorum; denique *iudicio*. Quae quidem postrema pars, quum de operibus scriptorum iudicaret, discerneretque quid in iis genuinum esset vel spurium, quinam libri germani vel adulterini essent appellandi, χριτιχῆς etiam nomen obtinuit. Quin immo veteres grammatici eousque progressi fuerant, ut rhetoricas etiam quasdam institutiones traderent, ne videlicet sicci omnino atque aridi pueri ad rhetores [1] transferrentur.

Iamvero qui ad illam rerum tenuitatem descenderent, quae prima grammaticae parte continetur, et litterarum elementa, verborum interpretationem, syntaxin, aliaque id genus tantummodo pueros docerent, hi *grammatistae* seu *litteratores* a Romanis dicebantur. Qui e contrario universum grammaticae doctrinae orbem complexi, per omnes politiorum litterarum secessus excurrerent, et scriptores voce aut scriptis illustrarent, ii demum *grammatici* seu *litterati*. appellabantur [2].

Primus autem grammaticae studium in urbem intulit *Crates Mallotes* [3], Aristarchi aequalis, qui missus ad senatum a rege Attalo inter secundum ac tertium bellum Punicum, sub ipsam Ennii mor-

(1) QUINTIL., loc. cit. — SVETON., De illustr. grammat., IV.

(2) SVETON., ibid. — Cf. VALES., De critica, I, 1, 2.

(3) Hoc nomine donatus fuit a Mallo Ciliciae urbe, in qua natus erat.

tem, quum prolapsus crus sibi fregisset, per omne legationis simul et valetudinis tempus, plurimas ἀκροάσεις subinde fecit, assidueque disseruit, ac nostris exemplo fuit ad imitandum. Tunc scilicet coeperunt Romani poëtarum suorum carmina diligentius retractare, ac legendo commentandoque aliis etiam nota facere. Et primo quidem *C. Octavius Lampadio* Naevii Punicum bellum, *Q. Vargunteius* Ennii annales, aliique satyras Lucilii continenti scriptura expositas, in certos quosdam libros digesserunt. Ex eo tempore quum instruxissent auxissentque ab omni parte grammaticam *Servius Claudius* et *L. Aelius Stilo*, vir graecis litteris et latinis eruditissimus (1), publice tandem coepta est doceri a nonnullis, quos enumerat Svetonius in opella, quam modo memoravi (2). Et *Saevius* quidem *Nicanor* et *Aurelius Opilius* omnium primi docendo famam sunt consecuti; quorum uterque variae eruditionis libros evulgavit. Caeterum et praestantissimos huiusce aetatis scriptores in grammaticae studium incubuisse vel ex eo patet, quod M. Cato illam partem excoluit, quae in verborum originem inquirit, Lucilius autem poëta (3) ὀρθογραφίαν contra librariorum imperitiam primus conscripsit.

---

(1) V. Tull. in Bruto, lvi.

(2) Cap. v et seqq.

(3) Utrum hic poëta, *Caius* ille sit *Lucilius*, qui primus satyras exaravit necne, non audent critici affirmare.

LIBER SECUNDUS.

A SYLLAE OBITU AD EXCESSUM AUGUSTI.

Ab anno urbis conditae DCLXXVI, ad annum DCCLXVII (post Christum natum XIV).

CAPUT I.

DE CAUSSIS POLITIORIS HUMANITATIS,
QUA AEVUM AUGUSTEUM MAXIME FLORUIT.

Hactenus crescentem in dies Romanorum cultum sumus persecuti usque ad Syllae obitum, qui fuit anno post urbem conditam sexcentesimo, sexto et septuagesimo. Exinde admirabilis in litteris progressio, atque incredibilis cursus ad omnem excellentiam factus est. Quapropter Romani, qui olim rei bellicae unice intenti, mansuetiores artes negligerent, tam uberem clarorum scriptorum foetum ediderunt, ut cum expolitissima quaque gente iam de humanitate contendere viderentur.

Sed antequam venio ad aureae illius aetatis scriptores, quae inter Syllae dictatoris et Augusti mortem intercessit, iuvat breviter in caussas inquirere,

ob quas ea tempestate liberaliores doctrinae vehementius excoli apud Romanos coeptae sint.

Iam inde ab anno urbis conditae DLXXXVI, quum
Romani, victo Perseo, Macedonum rege, atque imperii finibus prolatis, opes suas mirum in modum
auxissent, is terror omnes late gentes pervaserat,
ut nulli ferme reges ac populi essent, quin mit-
tendis Romam legatis, victori gentium populo adu-
larentur: Ad haec, quum diligentissime senatus
romanus in Graecos inquireret, qui Persei rebus
studuerant, ex his complures Romam perducendos
curavit, ut meritam eis poenam irrogaret. In his
nonnulli enumerabantur excellentis ingenii et doctrinae viri, cuiusmodi fuerunt Polybius historicus
et Panaetius philosophus.

Quum igitur graeci philosophi et rhetores ludos
publicos Romae aperuissent, ad quos itaret romana
iuventus, brevi feroces Romanorum animi liberalioribus studiis fuerunt emolliti. Dolendum id quidem, graecos illos doctores haud ita multo post
senatusconsulto ex urbe eiectos fuisse. At Romani
mox aliam opportunitatem nacti, alacriori animo
huiusmodi studia excoluerunt.

Athenienses, uti supra dictum est[1], ad senatum
romanum tres illius aetatis nobilissimos philosophos legaverant, Carneadem ex Academia, Diogenem Stoicum, et Critolaum Peripateticum, im-
petratum uti multam remitterent, quam fecerant

(1) Lib. I, cap. 9.

propter Oropi vastationem. Talium virorum sapientia romanae iuventutis studia sic accendit, ut ad illos frequens disciplinae caussa concurreret. Prae caeteris admirationi fuit Carneadis vis incredibilis illa dicendi, qui nullam unquam in suis disputationibus rem defendebat, quam non probaret, nullam oppugnabat, quin everteret. Quamquam vero, adnitente praesertim Catone, celeberrimi illi philosophi in Graeciam fuerunt remissi; attamen graecae philosophiae, et graecarum litterarum studium Romanorum animos sic ceperat, ut insitiva quadam disciplina doctior in dies fieret civitas.

Ad philosophiam quod attinet, illam praesertim partem tractarunt, in qua de bonis rebus et malis, deque hominum vita et moribus disputatur. Hanc enim ad reipublicae utilitatem, atque ad civium commoda conferre; hac eloquentiam ali arbitrabantur, quae in populari imperio maxime dominatur. Videlicet ad eloquentiam in primis se contulerant Romani, qua res omnes ad bellum, ad pacem, ad leges, ad iudicia spectantes agebantur, et qua optimo cuique aditus ad honores patebat. Praesertim vero postquam « imperio omnium gentium constituto, diuturnitas pacis otium confirmavit, nemo fere laudis cupidus adolescens non sibi ad dicendum studio omni enitendum putavit [1]. »

---

[1] TULL. De orat. I, 4.

Oratoribus mox sese comites adiunxerunt historici et poëtae. Qui enim reipublicae praeerant, litteratos viros muneribus et beneficiis cumulando, ad musas acrius colendas excitarunt. Quum autem, Graecia devicta, amoeniorum artium monumenta Romam fuissent translata, beatiores homines coepere signa, tabulas pictas, vasa coelata mirari, iisque non urbanas tantum aedes, sed et villas suas sumptuosius exornare. Quo factum est ut Romani pulchri sensui magis in dies adsuescerent. Adolescentes praeterea in Graeciam, atque Athenas praesertim profecti, adhibitis nobilissimis doctoribus, maximam inde doctrinae segetem hauriebant, quam postea cum civibus communicarent. Unde illud verissime ab Horatio [1] dictum est:

> Graecia capta ferum victorem cepit,
> Et artes intulit agresti Latio.

Postremo ad Romanorum cultum hac tempestate etiam contulerunt bibliothecae, quae in urbe fuerunt institutae ; quarum prior, uti testatur Plinius [2], ab Asinio Pollione de manubiis Dalmatarum fuit publicata. Iulius etiam Caesar [3], quum de ornanda atque instruenda urbe cogitaret, bibliothecas graecas et latinas, quas maximas posset, publicare destinaverat, data M. Varroni cura comparandarum et digerendarum. Sed talia agentem ac meditantem mors praevenit. Tandem vero

(1) Epist. II, 1, v. 156.
(2) Hist. mundi, vII, 30.
(3) SVETON., Iul. Caesar, XLIV.

Augustus (¹), quum templum Apollinis in aedibus palatinis excitaret, addidit porticus cum bibliotheca latina et graeca (²).

His igitur praecipue adiumentis, quae hactenus memoravi, quum influxisset non tenuis quidam e Graecia rivulus in urbem Romam, sed abundantissimus amnis illarum disciplinarum et artium, Romani eo temporis spatio, quod Syllae et Augusti excessu continetur, ad litterarum famam adsurrexerunt. Quumque hac tempestate elegantissimus fuerit latinae linguae ornatus, et praestantissimi oratores, poëtae atque historici praesertim floruerint, factum est, ut aurea romanarum litterarum aetas Augusti nomine donaretur.

Hanc aetatem octodecim praesertim romani scriptores illustrarunt, de quibus singillatim disseremus. Sed antequam huiusmodi tractationem aggredimur, haud abs re erit latinae eloquentiae studiosos monere, plebem romanam in sermone familiari elegantiorem illam linguam non usurpasse, quae in huius aevi scriptoribus elucet, sed lingua quadam usam fuisse minus comta, quam critici *sermonem rusticum* appellant. Extra urbem vero sermo quidam latinus vigebat, qui *peregrinus* proprio-no-

---

(1) Sveton., Augustus, xxix. — Dio. lui, 1.

(2) Etiam privati homines hac aetate librorum copiam sibi compararunt. Quorum primus Paullus Aemilius (V. Plutarch. in Paullo Aemilio) ex Persei libris bibliothecam quandam condidit. Prae caeteris autem celebris fuit et splendida Luculli bibliotheca, in quam docti homines tamquam in musarum aliquod diversorium undique confluebant. (Plutarch. in Lucullo).

mine dicebatur [1], propterea quod a sincera lingua romana aliquantulum abesset, et peregrinitatem saperet. Caeterum lautiores viri non solum romanae linguae proprietati studebant, sed in domestico usu, et quotidiano sermone lingua etiam graeca utebantur, quae tunc temporis Romae et publice doceri, et impensius excoli coepta est. Itaque nil mirum, si Romani scriptores, maximeque poëtae sese ad Graecorum imitationem composuerint.

CAPUT II.

DE POESI DRAMATICA.

§ 1.

Cn. Mallius – D. Laberius – P. Syrus, mimographi.

Comoediam apud Romanos *mimus* excepit, qui a Scaligero [2] definitur *poëma, quodvis genus actionis imitans, ita ut ridiculum faciat.* Hoc autem potissimum differebant *comoedia* et *mimus* inter se; quod illa in certos quosdam actus divideretur, quibus connexio et solutio alicuius negotii continebatur; hic perpetuam haberet actionem, neque certum ullum fabulae exitum [3]: praeterea ab uno tantum ageretur, nullo adhibito tibicine aut cantu. Atque illud in primis iuvat animadvertere, *mimos* oble-

(1) V. in hanc rem Quintil. viii, 1, 2.
(2) De poës. I, 9.
(3) Tull. in orat. pro Caelio xxvii.

clandae praesertim plebeculae causa institutos, ille-
pidis iocis saepenumero indulsisse, neque a verbis
et. gestibus obscenis abstinuisse. Quapropter cito
in calumniam inciderunt, et labentibus annis in
desuetudinem abiere.

Mimorum scriptores praestantissimi habiti sunt
Cnaeus Matius et *Decimus Laberius*; quorum primus,
tamquam vir eruditissimus a Gellio [1] laudatus,
in mimiambis suis non absurde neque absone nova
quaedam vocabula finxit [2]; alterum vero equitem
romanum asperae libertatis appellat Macrobius [3],
narrans quemadmodum sexaginta annos natus a
Iulio Caesare coactus fuerit mimos publice in scena
agere. Hunc saepius memorat Gellius [4], eiusque
versus ex *Restione* [5] depromtos, satis munde et
graphice factos laudat; eundem tamen reprehendit,
quod nimium licenter verba novaverit [6], multaque ex sordidiore vulgi usu posuerit [7].

(1) Noct. Attic. xv, 25.
(2) Exstant Matii fragmenta apud Gellium et Macrobium, quae
in unum collecta edidit P. Burmannus in Anthol. lat. tom. I, p. 630.
(3) Saturnal. II, 7. — Cf. Tull. epist..ad div. XI, 18. — Sveton.,
Iul. Caesar, xxxix.
(4) Op. cit. I, 7; III, 12; VII, 15; x, 17; xvI, 7. — Cf. Horat.,
Satyr. I, 10, v. 6.
(5) Op. cit. x, 17.
(6) xvI, 7.
(7) Leguntur passim apud veteres scriptores Laberii mimorum
fragmenta, quorum hi sunt tituli: *Alexandrea* - *Anna Perenna* -
Aquae calidae - *Aries* - *Augur* - *Aulularia* - *Bellonistria* - *Caco-
mnemon* - *Caeculi* - *Cancer* - *Carcer* - *Catularius* - *Centenarius* -
Colax - *Colorator* - *Compitalia* - *Cophinus* - *Creontes* - *Ephebus* -
Fullo - *Galli* - *Gemelli* - *Hetaera* - *Imago* - *Lacus Avernus* - *Late
loquentes* - *Marcus* - *Natalis* - *Necyomantia* - *Nuptiae* - *Panilici* -

Mimos etiam scriptitavit *Publius Syrus*, et teste Gellio [1] dignus habitus fuit, qui Laberio anteponeretur. Huius Syri sententiae feruntur pleraeque lepidae, et ad communem usum accommodatissimae, quas memorant Gellius [2] et Macrobius [3].

§ 2.

L. Varius – P. Ovidius Naso – C. Asinius Pollio, tragici.

Breviter modo de mimographis [4]; nec plura de tragicis dicemus, quorum minimus proventus exstitit saeculo Augusteo. Namque si *L. Varium* et *Ovidium* excipias, quorum alter *Thyestem*, alter vero *Medeam* condidit, maximis laudibus a Quintiliano [5] exornatas, unus *Asinius Pollio*, ex Horatii [6] et Virgilii [7] testimonio, hisce temporibus romani cothurni dignitatem tueri visus est.

Paupertas - Piscator - Restio - Salinator - Saturnalia, - Scriptura - Sedigitus - Sorores - Staminariae - Taurus - Tusca - Virgo.

(1) Op. cit., xvii, 14.

(2) Ibid.

(3) Saturn. ii, 7. — Publii Syri sententias evulgavit Io. Orellius Lipsiae an. 1822, in-8°; anno autem 1824 edidit supplementum editionis Lipsiensis novissimae sententiarum Publii Syri et D. Laberii. — Praeterea P. Syri sententias recensuit F. H. Bothe in poët. scen. latinis, quos pluries iam memoravimus.

(4) Fusius hac de re disseruerunt Vossius, Inst. poët. lib. ii, cap. 29. — Zieglerus, De mimis Romanorum, Gottingae, 1789, in-8°. — Bulengerus in Thes. Graevii ix, pag. 920 et seqq.; ad quorum volumina studiosos delegamus.

(5) De inst. orat., x, 1, 98. — Cf. Dialog. de causs. corruptae eloquentiae, xii.

(6) Od. lib. ii, 1.

(7) Ecl. viii, 9.

CAPUT III.

DE POESI EPICA.

§ I.

*Cn. Mattius. – P. Terentius Varro Atacinus. –
Publius Virgilius Maro.*

Plerosque superiorum poëtarum vidimus in Graecorum interpretatione ingenium suum fuisse peri-
clitatos. Illorum autem vestigiis non sine laude institerunt epici huiusce aetatis poëtae *Cnaeus Mattius*
et *P. Terentius Varro*, cognomento *Atacinus* (1); ille
quidem Homericam Iliadem, hic autem Apollonii
Rhodii Argonauticorum libros in latinum sermonem convertendo (2). Sed longe nobiliorem viam
ingressus *P. Virgilius Maro*, in condenda *Aeneide* ad
veteres ita respexit, ut licet complura ex Graecis in
rem suam derivaret, suus tamen ubique videretur.
Quo facto Romanos omnes (3), qui se ad carmen

---

(1) Cognomen sortitus est ab *Atace* fluvio Galliae Narbonensis,
in qua natus erat.

(2) OVID., Amor. I, 21. — QUINTIL., De inst. orat. x, 1, 87: —
RÜHNKENIUS, Ep. crit., pag. 199-201. — Huiusce Varronis memorantur etiam libri aliquot *Sequanici belli*, heroico carmine exarati.

(3) In his recensentur *Hostius*, cuius pauculae exstant reliquiae
De bello Histrico; *Valgius Rufus* a Tibullo laudatus (Eleg. lib. IV,
1, v. 180. — Cf. Horat. od. II, 9, v. 5; Satyr. I, 10, v. 82. —
Broukhus. ad Tibull. loc. cit.); - *Lucius Varius*, de quo Horatius,
Satyr. I, 10, v. 43; et Macrobius, Saturn. VI, 1, 2; - *Caius Ra-
birius* a Velleio (II, 36), Quintiliano (x, 1, 90), et Seneca (de
benef. VI, 3) memoratus.

epicum contulerunt ita post se reliquit, ut merito primas in epica poësi tulisse dicendus sit.

Natus haud procul ab urbe Mantua in pago, quem vulgo *Andes* vocarunt, adolescens Mantuae, Cremonae, Mediolani et Neapoli, litterarum, medicinae et mathematicae doctores audivit. Quum autem Octavianus agrum Cremonensem et Mantuanum veteranis militibus distribuisset, Virgilius agelli sui possessione depulsus Romam venit, ibique Asinio Pollione et Maecenate suffragantibus, non solum ab Augusto impetravit, ut agellus sibi restitueretur, sed innumeris etiam beneficiis ob acerrimum ingenium fuit cumulatus. Annos natus unum et quinquaginta Athenas petere constituit, ut adhibitis ibi Graecorum doctissimis Aeneidem suam ad unguem castigaret. Iamque iter ingressus, Augusto ab Oriente revertenti occurrit, et mutato consilio, de reditu in patriam cogitavit. Sed in itinere morbo tentatus, obiit Brundusii anno urbis conditae DCCXXXV.

Virgilianae Aeneidos actio, si summa tantum capita spectentur, sic se habet. Aeneas, incensa a Graecis Troia, cum suorum reliquiis mari se committit Italiam petiturus, unde eius maiores orti ferebantur. Huc tandem post varios casus appellit, excipiturque humaniter a Rege Latino, qui Laviniam filiam ei uxorem daret, nisi Turnus, Rutulorum rex, adversaretur. Hic Laviniae nuptias iampridem ambiens, Aeneam gravi bello petit; sed proelio tandem interfectus, sponsam Troiano victori et regnum habendum permittit.

In hoc poëmate, quod duodecim libris continetur, huc omnino spectavit poëta, ut Aeneae in
Italiam adventum, atque imperium Romanorum
a Troianis constitutum celebraret. Utrum hic
Aeneae in Italiam adventus inter historicas narrationes an inter fabulosas sit recensendus, nihil
sane ad nos. Huius quidem loci est notare, hanc
esse Virgilianae Aeneidos actionem praecipuam,
quae unius ferme anni spatio consistit. Si autem
quaeramus quibusnam episodiis praecipua haec
poëmatis actio exornetur, sese nobis prae caeteris
offerunt Didonis amores in libro quarto; ludorum
atque inferorum descriptio in quinto et sexto; Nisi
atque Euryali amicitia in nono.

Complura, uti nuper innuebam, e graeco fonte
duxit noster; quin et universi fere poëmatis οἰκονομίαν ex Homero est mutuatus [1]. Unde iam illud
conficitur, Virgilium minus fecundo ingenio in
rebus inveniendis usum fuisse quam Homerum;
at in perficiendis exornandisque longe Graecum
poëtam a Romano superari. Et revera Aeneis Virgiliana, praestantissimum atque unicum exemplar
poëtici ornatus, elegantis et magnifici a doctioribus
semper habita est. Sunt quidem qui arbitrentur,
Virgilium in quibusdam claudicare, atque in iis

---

[1] Ad Homerum atque Apollonium Rhodium potissimum respexisse Virgilium constat. Vide in hanc rem WYTTEMBACH., Bibl. crit.,
P. VI, pag. 27. — M. MARCACCI opellam, cui titulus: *Encide coi
confronti e le imitazioni di varii scrittori antichi e moderni.* Livorno,
1836, in-8°.

praesertim, quae pertinent ad personarum picturas, quas in poëma suum invexit. Verum haec, et alia nonnulla, quae a criticis in Aeneide passim fuerunt notata, ea profecto non sunt, quae meritam Virgilio laudem detrahant. Et revera ipsi romani poëtae, Virgilii aequales, summis laudibus hoc poëma extulerunt (1); Quintilianus (2) autem scribere non dubitavit, Virgilium ab Homero secundum, caeteris omnibus longe esse anteponendum (3).

§ 2.

Publius Ovidius Naso.

Ad epopoeiam proxime accedunt poëmata quaedam heroica, cuiusmodi sunt Catulli carmina in nuptias Pelei et Thetidos – De coma Berenices; C. Helvii Cinnae carmen cui Smyrna nomen fuit, aliaque id genus, in quibus poëta descriptionibus praesertim, et historicis aut fabulosis narrationibus indulgere consuevit (4). Horum sane poëmatum celeberrima Ovidio accepta sunt referenda.

Hic equestri eademque opulenta familia ortus Sulmone in Pelignis anno urbis conditae DCCXI,

(1) Ovid., Am. nI, 337. — Propert., Eleg. iI, 25, v. 66.

(2) De inst. orat. x, 1, 85.

(3) Brevia quaedam exstant poëmata, quae vulgo Catalectorum Virgilianorum nomine donantur. Sunt autem Culex, Ciris, Copa, Aetna, Dirae, Priapeia, Moretum. Sed inter eruditos satis non constat, utrum Virgilio sint tribuenda, nec ne.

(4) Recentiores appellant Poemi narrativi e descrittivi.

Romae clarissimis primum grammaticis et rhetoribus, postea vero iurisprudentiae, cogente patre, operam dedit. Athenas deinde studiorum causa profectus est; unde Romam reversus causas oravit in foro, atque amplissimis reipublicae muneribus est perfunctus. Sed mox fori pertaesus, ad mansuetiores musas rediit, et poësin praesertim excoluit, cuius studio vel a pueritia mire flagrabat. Habuit noster uxores tres, quarum duas repudiavit; cum tertia vero vixit coniunctissime atque amantissime. Floruit aequalium omnium poëtarum familiaritate, atque ob ingenii praestantiam Augusto quoque carus fuit. Nihil autem in vita Ovidii maiore animadversione dignum videtur, quam cius exsilium. Nimirum quum quinquagesimum iam aetatis annum esset praetergressus, Caesaris Augusti offensam incurrens, Tomon in oppidum Moesiae inferioris, ad Pontum Euxinum relegatus fuit; ubi novem ferme post annos decessit. Multi multa de caussa exsilii Ovidiani disputarunt [1]; at quid tandem hac de re sentiendum sit certo non constat.

Ovidius praecipuam sibi copiae, facilitatis atque elegantiae laudem quaesivit *Metamorphoseon* libris xv, versu hexametro conscriptis. Namque innumeros mythos, nulla inter se cognatione devinctos, tam commodo artificio composuit, ut unum et continuatum poëma conficeret, quo a mundi origine usque ad Iulii Caesaris mortem nos deducit. Quo

[1] Vide OVID. ipsum, Trist. lib. II, v. 103, 207; III, Eleg 5, v. 49.

in carmine modo historici, modo dramatici scriptoris partes agens, tanta doctrinae varietate, totque insignibus verborum et sententiarum luminibus orationem distinxit, ut maxima voluptate perfundantur lectores. Quid vero si poëtae exsilium non obstitisset, quominus extrema huic poëmati manus accederet (1), quae luxuriantis ingenii fertilitatem castigaret ?

Praeter metamorphoses, aliud etiam Ovidii poëma exsilio fuit intermissum, narrationibus pariter ac descriptionibus intextum; *Fastorum* nempe libri, quorum sex tantummodo exaravit, quum in animo haberet duodecim conscribere, qui totidem anni mensibus responderent. Eleganti hoc carmine elegiaco, romanum calendarium secutus, festorum et ludorum originem ac rationem cecinit, multaque ad romanas antiquitates spectantia nobis prodidit, quae frustra apud alios scriptores requirimus.

_____

(1) Consule in hanc rem Trist. lib. I, eleg. 7, v. 13-30.

CAPUT IV.

DE POESI DIDACTICA.

§ I

P. Virgilius Maro.

Insigne illius poëseos decus, quam διδακτικὴν Graeci vocant, tulit aetas Augustea *P. Virgilium Maronem*, qui in quatuor *Georgicorum* libris praecepta de agris colendis complexus est. In primo agit de terra aranda; in secundo de arboribus et plantis solo committendis; in tertio de pecorum cultu; in quarto demum de apibus et mellificio. Quemadmodum vero in Bucolicis exemplar sibi Theocritum proposuit; ita in Georgicis videtur ad Hesiodi opus respexisse, quod inscribitur: ἔργα καὶ ἡμέραι. Georgica, ut reliqua huiusce generis poëmata, forma dumtaxat differunt a libro, in quo artis aut disciplinae cuiuslibet praecepta tradantur. Hinc manat, duo praesertim in hoc carmine esse spectanda. Et primo quidem, ut certo quodam ordine res exponantur; deinde ut omnibus, quibus fieri potest, poëseos veneribus exornentur, ne arida et ieiuna praecepta taedium afferant lectoribus.

Quibus quidem virtutibus omnino commendantur Georgica Virgiliana, quae, doctorum iudicio, omnium expolitissimum et perfectissimum opus habentur; quae a Mantuani poëtae ingenio sint profecta. In his videlicet mirus ordo elucet, maxima in tradendis praeceptis diligentia, picturae vividiores opportune positae, dictio laeta, florida, et poëtico ornatu semper laudanda, qua res vel humiliores splendorem concipere videntur. Praesertim vero Virgilianum ingenium in episodiis seu digressionibus spectatur, cuiusmodi sunt prodigia, quae Caesaris necem secuta sunt, Italiae laudes, vitae rusticae felicitas, postremo Aristaei fabula, quae a viris elegantioribus qualibet aetate summis laudibus fuit celebrata.

§ 2.

P. Ovidius Naso. – P. Terentius Varro Atacinus. – Gratius Faliscus. – Aemilius Macer. – M. Manilius. – Lucilius Iunior. – Caesar Germanicus. – C. Iulius Hyginus.

Ad didacticam poësin pertinent etiam Ovidiani libri – *De arte amandi* – *De remediis amoris* – *De medicamine faciei*, et *Halieutica*, de quibus fusius dicemus, quum sermo erit de carminibus elegiacis. Nec praetermittendus *Terentius Varro*, cuius fragmenta ex Libris navalibus collegit Wernsdorfius [1], aut *Gratius Faliscus*, qui cynegeticon carmine heroico exaravit [2], aut *Aemilius Macer*, auctor carminis de avibus, de venenatis animalibus et de

_____

(1) Poëtae latini minores, Altenburgi, 1789, in-8°.
(2) WERNSDORFIUS, loc. cit.

virtutibus herbarum (1), aut *Marcus Manilius*, cuius hodieque supersunt astronomicon libri v (2), aut *Lucilius Iunior*, cuius carmen adhuc legimus de Aetna (3), aut *Caesar Germanicus*, qui Arati phoenomena versibus latinis expressit (4), aut demum *C. Iulius Hyginus*, Augusti libertus, qui poëticon astronomicon condidit libros quatuor (5).

CAPUT V.

DE POESI BUCOLICA.

P. Virgilius Maro.

Bucolicum carmen vetustioribus populis haud ignotum, in Sicilia primum excultum ferunt, ubi mitis coeli temperies, pinguia pascua, atque innumeri greges ultro poëtas ad canendum de re pastoritia impellere debuerunt. Prae caeteris au-

---

(1) Ovid., Trist. lib. IV, El. 10, v. 43: *Saepe suas volucres legit mihi grandior aevo—Quaeque necet serpens, quae iuvet herba Macer.* —Exstat Macri carmen *De virtutibus herbarum* cum comment., ed. Basileae, 1581, in-8°.

(2) Manilii libros cum commentario edidit Ios. Scaliger. Parisiis, 1579, in-8°.

(3) Hoc carmen Virgilio olim et Cornelio Severo tributum Wernsdorfius, vir doctissimus, Lucilio, germano auctori vindicavit. Hic est Lucilius ille, ad quem exstant Senecae epistolae.

(4) Bononiae primum in lucem prodierunt an. 1474.

(5) Huius opera omnia perierunt. Fabulae autem CCLXXVII, et poëtica astronomica, quae sub eius nomine feruntur, ob styli inelegantiam ab aetate Augustea abhorrere videntur, ac propterea a criticis cuipiam sequioris aevi grammatico tribui consueverunt.

tem Theocritus huic poëseos generi singularem venustatem conciliando, pastoritiae vitae innocentiam et delicias sic adumbravit, ut carminibus suis suavi quadam voluptate homines perfunderet. Et quo facilius Siculus poëta legentium animos teneret, potiusquam agros, greges, pastores et silvas descriptione perpetua nobis exhiberet, dramatis formam selegit, quo pastores inter se colloquentes inducuntur.

Theocriti vestigiis ingressus *Virgilius*, pastoralis vitae felicitatem commode versibus effinxit. In hoc tamen plus artis apparet, quam in Graeco poëta, cuius idyllia sincera quadam simplicitate potissimum commendantur. Neque id mirum. Virgilius enim politiorem aetatem nactus, multa necessario ad pastorum vitam spectantia exornavit, quae nude atque ad rei veritatem expressa, superbae Romanorum aures fastidiosius repudiassent.

Decem omnino sunt eclogae Virgilianae, quarum argumenta, si quartam, sextam et decimam excipias, haec ferme sunt: aut pastoris questus ob absentem atque infidelem puellam, aut duo pastores cantu inter se certantes, atque alternos versus effundentes. Stilus tenuis est, qualis eclogam decet; ornatior tamen et comtior, quam in Siculo poëta.

CAPUT VI.

DE SATYRA.

§ 1

M. Terentius Varro.

Illud satyrae genus, quod Ennius primum et
Pacuvius excogitarunt, excoluit etiam *M. Terentius
Varro*, natus Romae anno urbis conditae DCXXXVIII.
Pauca sunt ad eius vitam pertinentia, quae ex veteribus scriptoribus, aut ex ipsius librorum fragmentis liceat haurire, eaque maxima ex parte
coniectura tantummodo nituntur. Illud certo constat, Varronem, honestissimis reipublicae muneribus naviter perfunctum, exardescente bello civili
Pompeianas partes secutum fuisse ; postea vero
in Caesaris gratiam receptum, ab eoque bibliothecis graecis et latinis praefectum, reliquam
aetatem procul a republica habendam decrevisse.
Quamquam vero a partibus reipublicae ipsius animus liber erat ; attamen post Caesaris caedem,
bello civili renovato (1), una cum Cicerone in pro-
scriptorum numerum relatus, vix Triumvirorum
crudelitatem evasit. Tranquillatis rebus, quum ex-
tremum vitae tempus in litteris transegisset, nonagesimo aetatis anno acquievit.

(1) An. ab urb. cond. DCCX

Ennianae satyrae vario metro erant conscriptae, nunc heroico, nunc elegiaco, nunc phalaecio, nunc iambico. Varro solutam etiam orationem versibus immiscuit, et satyras suas *Menippeas* appellavit a Menippo, philosopho cynico, qui primus apud Graecos ad carpenda hominum vitia acriore hoc scribendi genere usus est. De numero et praestantia huiusmodi satyrarum nihil certi iam potest affirmari; omnes enim temporis iniuria interciderunt [1].

§ 2.

Quintus Horatius Flaccus.

Lucilianam rationem in duobus satyrarum libris secutus est *Q. Horatius Flaccus*, Venusii natus in Apulia anno urbis conditae DCLXXXVIII. Hic patrem habuit libertinum, a quo Romam puer deductus, ibi liberalibus disciplinis fuit institutus. Inde Athenas se contulit philosophiae discendae causa, uti mos erat adolescentum romanorum. Quum autem Athenis versaretur annum aetatis agens tertium et vicesimum, a M. Bruto ad civile bellum excitus contra Antonium et Octavianum, tribunus militum meruit, et praelio Philippensi interfuit. Itaque victus et bonis paternis exutus, paupertate conflictatus ad poësim se convertit.

---

(1) Octo et octoginta Varronis satyrae vulgo enumerantur, quarum reliquias collegerunt Rob. et Henr. Stephani in fragmentis poëtarum, 1564, in-8°. — Ausonius Popma, Franeckerae, 1589, in-fol.

Hinc Maecenatis amicitiam demeruit, ac per eum subinde Augusto reconciliatus, utrique carus fuit. Quamvis autem munus epistolarum scribendarum ab Augusto oblatum detrectasset, hic nihil plane recusanti succensuit, atque una et altera liberalitate eum locupletavit [1]. Decessit annos natus septem et quinquaginta, haerede Augusto palam nuncupato.

. Quum esset Horatius a natura hilaris, urbanus, facetus; praeterea elegantissimorum et principum virorum consuetudine floreret, neque ulli philosophorum disciplinae nomen dedisset, ita in satyris ingenium suum effinxit, ut hominum errores et vitia non acerrime insectaretur, sed ridentis vultu, et Socratica quadam ironia vellicaret.

Ad hanc lenioris satyrae rationem plurimum etiam contulit rerum romanarum conditio. Quum enim imperium sub unius dominatu quievisset, princeps autem magnificus et luxuriosus summa ope niteretur, ut civium animos a pristinae libertatis recordatione avocaret, aulicum illud atque urbanum scribendi genus fuit invectum, quod referunt satyrae Horatianae.

Ad has proxime pertinent duo *epistolarum* libri ad amicos. Ac siquis a me forte petat quodnam praecipuum inter satyras atque epistolas Horatianas intercedat discrimen [2], aio, in satyris Ve-

---

(1) SVETON. in vita Horatii poëtae.

(2) V. MORGENSTERN, De satyrae atque epistolae Horatianae discrimine. Lipsiae, 1801, in-4°.

nusinum poëtam huc spectasse, ut vitia carperet;
in epistolis autem hoc ei propositum fuisse, ut
virtutem et honestatem praeciperet. A quibus epistolis, argumenti genere, aliquantulum discedit illa,
quae inscribitur *ad Pisones*. Nimirum Horatiana aetate malorum poëtarum turba quaedam Romae pro-
venerat, qui a pulchri sensu abhorrentes, tumorem
quemdam verborum, atque inanem sententiarum
strepitum adamarent. Ne pravo istorum exemplo
caeteri corrumperentur, Horatius L. Calpurnium
Pisonem eiusque filios delegit, ad quos hanc epistolam mitteret, in qua praecepta ad artem poëticam spectantia nullo certo ordine congessit;
quemadmodum in epistolis solemus, in quibus liberius cogitationes nostras cum amicis communi-
camus.

Caeterum Horatiana scribendi ratio tum in satyris, tum in epistolis in universum tenuis quidem
est ac pene pedestris, sed naturalis, elegans,
pura, facilis, venusta, fluens aequabiliter, qualis
scriptorem decebat, qui acuto ingenio praeditus,
et multo rerum usu subactus, verissimis coloribus
omnia referret [1].

(1) Sunt qui inter latinas satyras Ovidianum etiam carmen re-
censeant, in quo poëta sub *Ibidis* nomine inimicum quemdam suum
diris devovet.

CAPUT VII.

DE POESI LYRICA.

§ 1

C. Valerius Catullus.

Priusquam de lyricis romanis dicamus, haec praecipienda videntur studiosis, ne idem iudicium de lyrica Romanorum poësi ac de graeca ferendum esse arbitrentur. Graeci nimirum poëtae sponte veluti e terra enati, et suo se ingenio relinquentes, omnia naturae, nihil aliis debuerunt. Apud Graecos lyrica poësis non secus ac musica, sacrificia, ludos solemnes, publica festa comitabatur. Hinc factum est, ut huiusmodi carminis genus, publicis pariter ac privatis rebus immixtum, apud ipsos quam latissime pateret, atque a multis excultum, effigiem graeci ingenii penitissime exsculptam referret. Apud Romanos e contrario, diversa rerum publicarum conditio, diversa instituta lyricae poësi minus favebant. Lyricae poëseos illecebrae, et leviora carmina minus iucunda Romanorum auribus contingere debuerunt, qui toti essent in armis tractandis. Romanorum animi bellicis laboribus durati, et severioribus disciplinis intenti, serius omnino in hasce amoeniores artes incubuerunt. Postea vero quam ad humaniora studia se contulere, Graecorum vestigia secuti, versus et orationem ad graecam pulchritudinem prorsus effingebant; ita ut lyrica poësis apud Romanos non nata, sed a Graecis translata videretur.

Praeter *Hostium*, *Laevium* et *C. Licinium Calvum*, quorum tantummodo exstant fragmenta [1], qui lyricam poësin apud Romanos excoluerunt omnino duo enumerantur, *Caius Valerius Catullus* et *Q. Horatius Flaccus*, in quibus egregiae sane virtutes reperiuntur.

Caius Valerius Catullus, claro genere ortus anno ab urbe condita DCLXVII, patriam habuit Sirmionem, peninsulam Benaci lacus in agro Veronensi. Romam perductus a Manlio Torquato, dum genio et amoribus ibi indulgeret, complures doctos et principes viros amicitia devinctos tenuit; inter quos recensentur praesertim Cornelius Nepos, M. Tullius Cicero, Manlius Torquatus, Cornificius et Asinius Pollio. Quamvis autem noster ne quadragesimum quidem aetatis annum attigerit [2], fuerunt tamen qui multo plura carmina ei tribuerent, quam quae hodieque leguntur [3]; in quibus condendis maxima metri varietate usus est.

Lyrica haec Veronensis poëtae carmina puro quodam candore, et nativa, non adscita venustate nitentia, maximis laudibus extulerunt acerrimi

(1) Horum fragmenta collegit AUG. WEICHERT in libro, qui inscribitur: Poëtarum latinorum Hostii, Laevii, Calvi vitae et carminum reliquiae. Lipsiae, 1830, in-8°.

(2) Dicitur Catullus obiisse Romae anno urb. cond. DCCV.

(3) Centum ferme et sexdecim Catulli carmina supersunt.

iudicii viri [1]. Et Gellius [2] quidem inter veteres elegantissimum poëtam dicit, et fluentes illius carminum delicias commemorat. Inter recentiores autem Boucheronus [3] locupletem aureae latinitatis auctorem, ac poëtam longe venustissimum vocat. Et merito quidem. Namque Veronensis hic noster facetus, urbanus, atque elegantissimo ingenio a natura donatus, graecis litteris erat imbutus. Neque solum graecas sententias in rem suam derivavit; sed graeca etiam vocabula latinis vocibus omnino est interpretatus. Quod inter caetera testantur et Sapphus ode suavissima, et Callimachi elegia, quas iucundissimis carminibus latine reddidit.

Catullus epigrammatum [4] quoque egregius auctor fuit, in quibus laudantur praesertim liberales ingenui hominis ioci, multo urbanitatis sale adspersi. At praecipuam sibi laudem vindicat ob epithalamium Pelei et Thetidos, in quo plane singularis dicendus est, sive orationis lenocinium spectes, sive sententias poëtico et suavissimo quodam lepore distinctas, sive demum eximium ar-

---

(1) CORNEL. NEPOS in vita Attici, XII. — OVID., Amor., III, 9. — TIBULL., III, 6. — VELL. PATERC., II, 36. — MARTIALIS, X, 78.

(2) XIX, 9.

(3) In praefat. ad Catull. edit. Taurin., an. MDCCCXX, in-8°.

(4) Praeter Catulli epigrammata, nonnulla passim a veteribus memorantur a *Iulii Caesaris*, *Ciceronis*, *Cornelii Galli*, *Lucii Manilii*, *Virgilii*, aliorumque ingenio profecta. Sed quum haec pauca admodum sint, optimum factum existimavimus in perbrevi hoc nostro commentario de epigrammatographis huiusce actatis singillatim non disserere.

tificium, quo in diversis fabulis inter se conne-
ctendis usus est.

Dolendum id quidem, quod noster liberius ingenium suum secutus, complura in epigrammatis
minus verecunda, nonnulla etiam obscena inseruerit, a carminum nitore et venustate omnino
abhorrentia. Sunt etiam qui poëtam nostrum criminentur, quod in digressionibus et comparatio-
nibus nimius, longioribus etiam et durioribus verbis
plus aequo indulserit [1]. Quae quidem parcius
omnino et circumspectius in Catullo culpanda,
merito improbantur quum ineptus imitator ea
studiosius consectetur.

§ 2.

Q. Horatius Flaccus.

At lyricorum princeps apud Romanos habetur
Q. Horatius Flaccus [2]; insurgit enim aliquando, et
plenus est iucunditatis et gratiae, et variis figuris
et verbis felicissime audax. Quare Quintilianus [3]
hunc lyricorum fere solum dignum qui legatur dicere non dubitavit.

« Horatius primus apud Romanos stilum sic

(1) Scalig., Poët. VI.
(2) Exstant Horatii carminum sive odarum libri IV; epodon lib. I;
carmen saeculare.
(3) De instit. orat. x, 1, 96.

adhibuit, ut cum Atticis de urbanitate [1] contenderet. Hoc autem est consecutus, nescio quid argutum verbis indendo, quo vix conspicienda rerum confinia et repugnantias posset exprimere. Hinc Quiritium sermo, non tam vocibus quam coloribus adauctus, versutam plane celeritatem et urbanos sales ab eo habuit, quibus antea caruerat. Qui enim ultimam, ita dixerim, manum accepisset, vel in antiqua vitae simplicitate, vel in bellicis expeditionibus, vel demum inter tribunicios clamores et vulnera, quae rempublicam exhauserant?

Fuere tamen qui hunc nostrum reprehenderent, quod in Graecis defixus, museum quoddam opus confecerit, affabre quidem expolitum, at ex Pariis et Lesbiis lapillis. compositum. Quod quidem non ita est intelligendum, ut Graecorum imitationem arguendam in Horatio arbitremur. Quamquam enim Graecorum fuit studiosissimus; ex·patriis tamen moribus atque ex suo ingenio Romuleam plane vim, et splendidam hausit brevitatem, qua in gravioribus argumentis Pindari magnificentiam feliciter compensavit. Et multi quidem graeci nunc scriptores desiderantur, quos ille .prae oculis habuit; sed in celebrandis domesticis factis tam propriis coloribus usus est, ut ab eorum nemine sumi potuerint [2]. » Et revera omnino suus apparet Horatius quotiescumque in patriis argumentis ver

---

(1) QUINTIL. op. cit., vI, 3, 17.
(2) BOUCHERON. in praef. ad Horat., edit. Taurin., an. MDCCCXXX.

satur; veluti quum Augustum et Drusum celebrat ob victorias de hostibus relatas; vel quum in civiles discordias, aut in sui saeculi luxum invehitur. Tunc enim romana virtus in eius carminibus elucet, quam non aliunde, quam ex diviniore sua natura feliciter expressit.

CAPUT VIII.

DE ELEGIA.

§ I

C. Valerius Catullus. — Albius Tibullus.

Quamquam virile et ferox Romanorum ingenium a leviorum carminum lusu abhorrebat; Augustea tamen aetate, quum et graecae artes in urbem invectae, et imperantis consilia cives ad effeminatum quemdam languorem inclinarent, *Catullus* (1), *Albius Tibullus*, aliique ad elegias quoque exarandas animum adiunxerunt. Quo factum est, ut Quintilianus (2) testaretur, Romanos elegia quoque Graecos superasse.

Tibullus equestri familia Romae ortus anno urbis conditae DCXC, florenti adhuc aetate decessit, quum annos ferme quadraginta esset natus. Pro

---

(1) Omnino tria sunt Catulli carmina elegiaca, quorum praecipuum illud est, quod inscripsit *De coma Berenices.*

(2) Op. cit. x, 1, 93.

generis dignitate liberaliter institutus, egregiam litteris operam dedit, et de more iuvenum romanorum strenue etiam militavit.

Tibulli elegiae [1] iucundo sententiarum candore praesertim commendantur, et inaffectata illa stili simplicitate, qua fit, ut carmina ex illius ingenio nullo prorsus labore fluxisse videantur. Praeterea quum Tibullus multus fuerit in amoribus, ipsius elegias illa coloris moestitia comitatur, quae amatoribus perfamiliaris esse consuevit. Hinc vere cecinit Ovidius [2]:

> Donec erunt ignes arcusque, Cupidinis arma,
> Discentur numeri, culte Tibulle, tui.

§ 2.

Sext. Aurelius Propertius.

Sex tantum annorum spatio a Tibullo distat *Sextus Aurelius Propertius*; natus est enim anno urbis conditae DCXCVI. Hunc aiunt ex Umbria ortum fuisse; at quanam urbe omnino incertum est. Videtur autem ultra quintum et sexagesimum aetatis annum vitam suam produxisse.

Quatuor elegiarum libros scripsit, in quibus caelebs ipse Cynthiae, sive Hostiae cuidam nuptae blanditur. In his, si minor quam in Tibullo sua-

---

(1) Scripsit Tibullus elegiarum libr. III, carminum libr. I.
(2) Amor. lib. 1, eleg. 15, v. 27.

vitas elucet, at maior inest sententiarum vis. Ad haec in Propertio singularis quaedam doctrina, et absolutissima ars occurrunt, quibus ad poëtas Alexandrinos accedit. Prae caeteris autem Callimachum secutus, se Romanorum Callimachum appellare non dubitavit in elegia prima libri quarti.

Non desunt tamen qui Propertium criminentur, quod in carminibus suis fabulas fabulis ita subtexat, ut subobscurus interdum sit, atque a proposito argumento recedere videatur. At siquod in hac re vitium est, tot virtutibus tamen nitet, ut acerrimi iudicii viri prorsus ambigant, Tibullone an Propertio primae sint deferendae. Ille enim ab ingenua quadam venustate, hic a sententiarum altitudine et eruditione laudandus; ille totus est Romanus, in hoc fere graeca sunt omnia [1].

§ 3.

P. Ovidius. − Aulus Sabinus. − T. Valgius Rufus.
Cornelius Gallus. − C. Pedo Albinovanus.

Omnibus poëtis, quos hactenus memoravimus, ingenio et iuvenili quadam copia longe praestat *Ovidius*, qui in vita gravissimo infortunio-afflictata, nec tamen ad diuturnum tempus producta, utpote quae sexagesimum annum non excessit, multo

---

(1) Vide elegantem utriusque poëtae comparationem apud Muretum in praefat. ad Propertium. Opp. tom. II, pag. 903 et seqq.

plura scripsit quam caeteri, quae innumeris virtutibus commendantur.

Primae inter Ovidii opera elegiaca occurrunt *Heroides* (1), sive epistolae una et viginti, in quibus feminae quaedam inducuntur viris aut amatoribus suis scribentes; item viri aut amatores feminis respondentes. « Quam scienter in hisce epistolis sermonem distinxerit poëta, et in tanta casuum et personarum varietate cuiusque naturam expresserit, quisque legendo perspiciet (2). »

Heroides excipiunt *Amorum* libri iiI (3), in quibus Ovidius amantium ingenium, atque amores suos licentius effinxit; tum *Artis amatoriae* praecepta, quae tribus etiam libris complexus est. Mox veritus, ne lasciviorem ac protervam musam boni improbarent, libellum exaravit, quem inscripsit *Remedia amorum*.

Haec quidem amatoria carmina fudit Ovidius antequam exsul urbe decederet. E contrario ipsius exsilio accepti sunt referendi quinque *Tristium* et

---

(1) En Heroidum titulos: *Penelope Ulyssi - Phyllis Demophoonti - Briseïs Achilli - Phaedra Hippolyto - Oenone Paridi - Hypsipyle Iasoni - Dido Aeneae - Hermione Orestae - Deianira Herculi - Ariadne Theseo - Canace Macareo - Medea Iasoni - Laodamia Protesilao - Hypermnestra Lynceo - Sappho Phaoni - Paris Helenae - Helena Paridi - Leander Heroni - Hero Leandro - Acontius Cydippae - Cydippe Acontio.*

(2) BOUCHERON. in praefat. ad Ovid. Heroides, edit. Taurin. an. MDCCCXXII.

(3) Ex nonnullorum sententia Ovidius quinque libros de *amoribus* scripsit, ex quibus duos ipse dicitur flammis dedisse. Cf. in hanc rem Trist., lib. IV, eleg. 10.

quatuor *Ponticarum epistolarum* libri. In his dives quaedam ingenii vena laudatur; at perpetuis querelis, et earundem similitudinum frequentia pene fatigantur lectores. Postremo Sulmonensis copiam testantur elegiae *De medicamine faciei* – *Nux*, et breve quoddam poëmation versuum ferme sexcentorum, in quo sub *Ibidis* nomine Hyginum quemdam Augusti libertum diris devovet. Aiunt, Ovidium huiusmodi libellum ad Callimachi imitationem scripsisse, qui contumelioso quodam carmine, cui titulus *Ibis*, Apollonium Rhodium, discipulum ingratum, acerrime est insectatus [1].

Si quis autem petat quodnam iudicium de Ovidianis carminibus [2] generatim sit proferendum, aio in ipsis elucere singularem quandam urbani ingenii vim atque ubertatem; incredibilem verborum celeritatem, qua tot fugientes fallentesque rerum imagines potuit notare; naturam praeterea graphice et molliter expressam. Sed hoc prae caeteris in Ovidio est animadvertendum, quo a reliquis poëtis latinis secernitur. Nimirum qua tempestate Romani et versus et orationem ad graecam pulchritudinem prorsus effingerent, Ovidius unus e perpaucis fuit, qui nullius vestigia secutus, nulli pulchri disciplinae addictus, vultum ubique suum

---

(1) Elegia *de Philomela*, aliaque nonnulla, quae Ovidio tribuuntur, inter supposita sunt recensenda.

(2) Ovidii opera elegiaco carmine sunt conscripta, si *Metamorphoses* excipias et *Halieutica*, in quibus condendis carmine heroico usus est.

sic servaret, ut varius quidem et multiplex, sed nunquam sui dissimilis appareat. Nihil praeterea nisi vernaculum et romanum depingit; plane ut si deesset, multa nos praesidia deficerent ad romanam Augusteae aetatis antiquitatem penitus cognoscendam.

. Praeter Catullum, Tibullum, Propertium et Ovidium, elegiacorum poëtarum laudem tulerunt *Aulus Sabinus* [1], *T. Valgius Rufus* [2], *Cornelius Gallus* a Virgilio laudatus [3], *C. Pedo Albinovanus* [4] aliique, quorum opera interciderunt [5].

(1) Sunt qui putent, aliquot ex Heroidibus Ovidianis Aulo Sabino esse tribuendas, cuius nomine tres alias epistolas habemus, *Ulyssis* nempe ad *Penelopem - Demophoontis* ad *Phyllidem - Paridis* ad *Aenonem.*

(2) De Rufo vide TIBULL. lib. IV, eleg. 1, v. 180. — Cf. HORAT. lib. II, od. 9, v. 5; Satyr. lib. I, 10, v. 82.

(3) Ecl. X. — Fuit Corn. Asinius Gallus Asinii Pollionis filius, eximius poëta, qui Euphorionem in latinum sermonem transtulisse, et amorum suorum de Cytheride libros IV scripsisse dicitur. V. VOS-SIUM ad Virg. ecl. VI, 64. — FABRIC., Bibl. lat.

(4) Huic tribuuntur *Consolatio ad Liviam Augustam de morte Drusi Neronis* - fragmentum *De navigatione Drusi Germanici per oceanum septentrionalem* - *Elegia in obitum C. Maecenatis.*

(5) V. SOUCHAY, *Troisième discours sur les poètes élégiaques.* (Vol. XVI des mémoires de l'Académie des Inscr. et BB. LL.)

CAPUT IX.

DE HISTORIA.

§ I

C. Iulius Caesar. – Aulus Hirtius.

Ex iis, quae libro superiore [1] a nobis dispu-
tata sunt de historicis romanis iam patet quam
vere Atticus diceret apud Tullium [2], historiam
adhuc abesse litteris latinis. Namque ad Augusteam
aetatem pertinent qui primum ad germanam historiam scribendam animum appulerunt; atque horum nobilissimi feruntur Iulius Caesar, Sallustius,
Cornelius Nepos et T. Livius.

Caius Iulius Caesar nobilissima ortus est familia [3]
anno urbis conditae DCLIV [4]. Admodum iuvenis
flamen Dialis destinatus, Corneliam Cinnae consu-
lis filiam, uxorem duxit. Mox Sylla rerum summam
obtinente, conquisitus ad necem, mutata veste,
nocturno tempore Roma elapsus est. Quum autem
composita seditione civili in urbem rediisset, ad
eloquentiae famam sibi comparandam, Cornelium
Dolabellam, virum consularem, repetundarum

---

(1) Cap. vii.
(2) De legibus, I, 2.
(3) De gente Iulia vide GLANDORP., Onomast., pag. 414 et seqq.
(4) Iulii Caesaris vitam narraturus ad Svetonium prae caeteris
respexi, eius etiam verbis usus; quantum brevitas patiebatur, cui
potissimum studebam.

postulavit (1); eoque absoluto, Rhodum secedere statuit, et ad declinandam invidiam, et ut per otium Apollonio Moloni, clarissimo tunc dicendi magistro, operam daret. Romam reversus tribuna-tum militum et quaesturam per suffragia populi adeptus est. Quaestori ulterior Hispania obvenit; quumque mandato praetoris Gades venisset, ani-madversa apud Herculis templum Magni Alexandri imagine, ingemuit; et quasi ignaviam suam per-taesus, quod nihil a se memorabile actum esset illa aetate (2), qua Alexander orbem terrarum iam subegisset, missionem continuo efflagitavit ad ca-ptandas quamprimum maiorum rerum occasiones in urbe.

Ibi aedilis creatus, praeter comitium et forum et basilicas, capitolium etiam ornavit porticibus ad tempus extructis. Venationes autem et ludos et gladiatorium munus una cum collega et sepa-ratim edidit. Conciliato sic populi favore, tentavit, ut sibi Aegyptus provincia daretur. Sed quum hanc, adversante optimatium factione, non obtinuisset, pontificatum maximum petiit, et non sine profu-sissima largitione est consecutus.

Praetor renuntiatus, detecta coniuratione Cati-linae, senatuque universo in socios facinoris ulti-mam statuente poenam, solus municipatim divi-dendos custodiendosque, publicatis bonis, censuit. Post praeturam cum M. Bibulo ad consulatum

(1) V. Dialog. de caussis corr. eloq. xxxiv.
(2) Annum tunc agebat tertium et trigesimum.

evectus, quamdiu hunc magistratum gessit, unus omnia in republica ad arbitrium administravit.

Sub idem tempus Calpurniam, L. Pisonis filiam, duxit uxorem, et Iuliam filiam Cn. Pompeio collocavit ; quorum ea tempestate maxime valebat auctoritas. His potissimum adnitentibus , Caesar ex omni provinciarum copia Gallias elegit, quibus novem annos cum exercitu praefuit. Complura ibi gessit, uti ait Velleius Paterculus [1], vix multis voluminibus explicanda.

Consul iterum , altiora iam meditans et spei plenus, nullum largitionis aut officiorum genus in cives aut in milites publice privatimque omisit. Nec minore studio reges atque provincias per terrarum orbem alliciebat. Hisce artibus Caesar, dum in Galliis esset, quum omnium favorem captasset, sibi aditum ad dominationem aperuit, quam vel aetate prima iam concupiverat.

Postea vero , devicto Pompeio multisque bellis confectis, quinquies triumphavit. Hinc dictator perpetuus, quum de ornanda instruendaque urbe, item de ordinando ampliandoque imperio complura in dies agitaret ; quadriennio postquam Pompeium bello Pharsalico devicerat et rempublicam oppresserat, in curia a coniuratis confossus, periit idibus martiis, anno urbis conditae septingentesimo decimo.

Etsi tot tantisque curis distractus, animum ad

---

(1) Hist. Rom. II , 46.

litteras excolendas ita adiunxit, ut Svetonius [1]
testaretur, Caesarem eloquentia et re militari aut
aequavisse praestantissimorum gloriam, aut exces-
sisse. In re grammatica etiam versatus, scripsit
de analogia libros duos [2], praeterea *Anticatones* [3]
totidem, carmina et libros quosdam *auspiciorum*
et *epistolarum* [4]. Quae tamen Caesaris opera nunc
desiderantur, si fragmenta quaedam excipias, quae
diligentissime grammatici collegerunt. Verum hodieque supersunt Caesaris *De bello Gallico Commen-*
tariorum libri septem, quorum singuli singulorum
annorum res complectuntur ; item *De bello civili*
libri tres. Qui autem exstant *Commentarii belli Ale-*
xandrini, Africi et Hispaniensis, omnium consensu,
Aulo Hirtio tribuuntur, Caesaris familiari, qui octavum etiam librum Gallici belli imperfectum supplevit [5].

Quot virtutibus niteant Caesaris commentarii
apertissime testatur Tullius in Bruto [6]: « Etiam

---

(1) Loc. cit., LV.

(2) QUINTIL., I, 7, 34. — Cf. TULL. in Bruto, LXXII. — SVETON.,
Iul. LVI.

(3) Duae orationes sunt, quibus veluti ad iudices Catonem Uti-
censem accusavit adversus Tullii librum, quo eundem laudibus ad
coelum tulerat. SVETON. op. cit., LVI. — Cf. TULL. ad Attic., XII,
40 ; Topic., XXV. — TACIT., Annal., IV, 34. — QUINTIL., III, 3,
28. — A. GELL., IV, 16.

(4) SVETON. loc. cit. — A. GELL., XVII, 9.

(5) Iuvat hic animadvertere, nonnullos librarios manifesto errore
praescripsisse nomen *Auli Hirtii Pansae*. Namque Hirtius et Pansa
duo diversi viri fuerunt, qui consulatu sunt functi anno urbis conditae DCCXI.

(6) Cap. LXXV.

commentarios quosdam, ait ille, scripsit Caesar rerum suarum, valde quidem probandos. Nudi sunt, recti et venusti, omni ornatu orationis, tamquam veste, detracto. Sed dum voluit alios habere parata unde sumerent qui vellent scribere historiam, ineptis gratum fortasse fecit, qui volent illa calamistris inurere; sanos quidem homines a scribendo deterruit. Nihil·enim est in historia pura et illustri brevitate dulcius. » De iisdem Hirtius [1] ita praedicat: « Adeo probantur omnium iudicio, ut praerepta non praebita facultas scriptoribus videatur. Cuius tamen rei maior nostra, quam reliquorum est admiratio. Caeteri enim quam bene atque emendate, nos etiam quam facile atque celeriter eos perscripserit.) » Quibus verbis voluit Hirtius significare, politissimos huiusmodi commentarios a Caesare innumeris curis distento atque inter bellorum tumultus, subitaria scriptione in militaribus tentoriis fuisse exaratos.

Quemadmodum vero iure meritoque ob sententiarum gravitatem, et castissimum sermonem laudantur Caesaris commentarii; ita ad res narratas quod attinet, ob quandam negligentiam culpantur. Et Asinius quidem Pollio apud Svetonium [2] parum diligenter parumque integra veritate compositos putat, quum Caesar pleraque, et quae per alios erant gesta, temere crediderit, et quae per se, vel consulto vel etiam memoria lapsus per-

---

(1) In praefat. libri VIII de bello Gallico.
(2) Loc. cit., LVI.

peram ediderit: existimatque rescripturum et correcturum fuisse. Verum quae critici passim notarunt, suspectam quidem historici fidem faciunt; at scriptoris laudem in iis, quae ad orationis elegantiam pertinent, nihil penitus imminuunt. Qualibet vero aetate Iulius Caesar ingenii animique virtute inter praestantissimos viros habitus est, qui post hominum memoriam exstiterint (1).

§ 2.

C. Crispus Sallustius.

Ex communi eruditorum sententia principem locum inter historicos latinos obtinet *C. Crispus Sallustius* (2), plebeio genere natus Amiterni in Sabinis anno urb. cond. DCLXVIII, Mario et Cinna consulibus. Adolescentulus Romam a patre missus, animum in litteris agitavit (3). Postea vero quum se ad rempublicam turbulentissima tempestate contulisset, civilibus fluctibus se abripi passus est. Et primo quidem quaestor, deinde praetor renuntiatus, nobilitatis factioni palam coepit adversari, atque acerrimas cum Milone inimicitias praesertim exercuit. Sed neque ambitionis occupatio, nec partium studia obstiterunt, quominus matronarum

(1) PLIN., Hist. mundi, VII, 25.
(2) MARTIAL., Epigr. XIV, 191. — Cf. RUHNKEN. in bibl. critic., P. IV, p. 49 et 50.
(3) SALLUST. in epist. II ad Caes de republ. ordin. cap XI.

amoribus inserviret (1), et foedis se libidinibus in-
quinaret. Quo factum est, ut infamiae labe notatus, ex senatorum numero a censore expungeretur.
Quae tamen contumelia non fregit eum, sed erexit.
Namque ad ea se referens, a quibus ambitio illum
detinuerat, res gestas populi romani, ut quaeque
memoria digna videbantur, perscribere aggressus
est. Quum autem totus esset in historiis exarandis,
Caesare suffragante, quaestor iterum creatus, ut
honestus ei in senatoriam dignitatem reditus pateret; ac tandem proconsulis nomine Numidiae provinciae fuit-praefectus. In urbem reversus, ingentes
opes, proconsulatus spolia, secum attulit, et ma-
gnificentissimis aedibus in Quirinali monte exstru-
ctis, se ad scribendi studium revocavit. Obiit anno
urb. cond. DCCXIX, quum quinquagesimum aetatis
annum nondum excessisset.

Constat Sallustium *sex libros* condidisse *historiarum populi romani* a Syllae excessu ad Catilinae coniurationem; qui annorum ferme duodecim spatio
continentur. Sed gravissimae huius historiae pauca
tantum supersunt fragmenta (2). E contrario legun-

---

(1) A. GELL. XVII, 18.
(2) M. Aemilii Lepidi Cons. oratio contra Sullam ad populares
suae coniurationis. – Oratio L. Philippi in senatu contra Lepidum.
– Epistola Cn. Pompeii in Hispania imperatoris ad senatum. – Oratio
C. Cottae cons. ad pop. Rom. – Macri Licinii trib. pleb. ad plebem
de restituendo tribunatu. – Epistola regis Mithridatis ad Arsacem
Parthorum regem. Praeterea exstant epistolae duae ad Caes. de republ. ordin., quas nonnulli Sallustio etiam tribuendas esse testantur.
Quod vero attinet ad illas *declamationes in Ciceronem*, quae Sallustii nomine feruntur, nemo est quin sciat, cuipiam incertae aetatis

tur etiamnunc *Bellum Iugurthinum* et *Bellum Catilina-rium* (1), in quibus narrantis animus a spe, metu, et reipublicae partibus alienus, spectatae fidei historicum arguit. Pulcherrimae ibi sunt regionum, urbium, proeliorum descriptiones; hominum autem mores tam graphice depinguntur, ut nihil naturae aptius, nihil ad veritatem expressius queas excogitare. Ad haec noster gravis ubique sententiis, dum maxima sagacitate in rerum causas inquirit, singulari quodam dicendi genere utitur, eleganti, presso et roboris pleno. Hinc brevitas illa a Quintiliano (2) tantopere laudata, qua sibi lectoris attentionem conciliat, eique coniectandi locum praebet, quod ipse consulto praetermisit. Perperam vero Sallustium culpant nonnulli (3), quod ad propositam sibi brevitatem assequendam antiquas voces interdum usurpet ab usu quotidiani sermonis intermissas, atque a Catone praesertim mutuatas; namque ad gravitatem et ornatum orationis conferunt, si parce utaris. Quare haud aliter ac Thucydides, quem sollertissime est imitatus, ita creber est Sallustius rerum frequentia, ut verborum prope numerum sententiarum numero con-

---

rhetori esse tribuendas. Mirum sane videtur, a Quintiliano pro Sallustianis habitas fuisse.

(1) Etiamsi bellum Catilinarium tempore posterius fuerit; attamen in plerisque editionibus praemittitur bello Iugurthino, propterea quod historicus illud prius quam hoc exaravit.

(2) iv, 2, 45; x, 1, 32; x, 1, 101 et seqq.

(3) Asin. Poll. apud Svelon., de illustr. grammat., x. — Seneca, epist. ad Lucil., cxiv. — A. Gell., iv, 15.

sequatur ; ita porro verbis aptus et pressus , ut
nescias utrum res oratione , an verba sententiis
illustrentur (1).

§ 3.

Cornelius Nepos.

Cornelius Nepos Hostiliae natus est , qui pagus
Veronensium fuit in transpadana Italiae regione.
Quo anno et quibus parentibus non constat. Hoc
tamen compertum est , et ante Caesaris dictatu-
ram , et eo dictatore , et postea vixisse , Catullo
et Ciceroni maxime amicum et familiarem ; atque
a Callisthene liberto veneno interceptum obiisse
anno urb. cond. ferme septingentesimo , quarto et
vicesimo ; quum . videlicet Augustus iam rerum
omnium potestatem obtineret.

Exstant eius *Vitae excellentium Greciae imperatorum* (2), quas graeco fonte (3) deduxit. Hisce subtexuit brevem narratiunculam de regibus Persarum
et Graecorum , in qua nonnulla obiter tangit de
Cyro et Dario , de Xerxe , de duobus Artaxer-
xibus , de Machrochire , Mnemone , Philippo ,

---

(1) TULL, De orat , II , 13.

(2) Viginti enumerantur : Miltiadis videlicet, Themistoclis, Ari-
stidis, Pausaniae, Cimonis, Lysandri, Alcibiadis, Thrasybuli, Cononis,
Dionis, Iphicratis, Chabriae, Timothei, Datamis, Epaminondae,
Pelopidae, Agesilai, Eumenis, Phocionis et Timoleontis.

(3) Vid. R. H. WICHERS, Disquisitio critica de fontibus et auctoritate Corn. Nepotis. Lipsiae , 1828 , in-8°.

Alexandro Magno, Pyrrho, Antigono, Demetrio, Lysimacho, Seleuco et Ptolemaeo. Hanc subsequuntur vitae Hamilcaris et Hannibalis, imperatorum carthaginiensium. Constat, Nepotem litteris etiam prodidisse vitas romanorum belli dueum [1]. Verum ex his sola aetatem tulit vita Catonis maioris, in cuius extrema parte ait, se de Catone librum separatim fecisse, qui temporis iniuria etiam desideratur. Denique exstat T. Pomponii Attici vita, in qua conscribenda videtur historicus praecipuum studium posuisse [2].

Qui ieiunitatem quandam in Nepote reprehendunt, inique illi quidem faciunt. Namque unusquisque ex mente qua scripsit, omnino est iudicandus. Noster autem testatur [3] se, multo plura proferre quum posset, idcirco modum adhibuisse, quod uno volumine vitas excellentium imperatorum concludere constituisset. Caeterum Cornelii vitae·praestantissimorum virorum imagines nobis exhibent graphice depictas, atque egregia ad imitandum exempla. In his autem dictio elegans est, facilis, plana, perspicua, et nativa quadam simplicitate sponte fluens, unde tirones germanam pure loquendi consuetudinem haurient [4].

---

(1) A. Gell., Noct. Attic. xv, 28.

(2) Alia etiam scripserat noster, inter quae *chronicorum* et *exemplorum* libri a Gellio (op. cit., vii, 18 ; xvii, 21) memorantur, quorum pauca tantummodo supersunt fragmenta.

(3) In vita Epamin. iv.

(4) Olaus Borrich., Conspect. auct. ling. lat. — Wyttenbach., Bibl. critic., P. xii, pag. 116.

§ 4.

Titus Livius.

Titum Livium Patavii natum plerique arbitrantur anno urb. cond. sexcentesimo, quinto et nonage-simo. Hic ambitione vacuus, et futurae aetatis immortalitatem potius quam praesentem gloriam spectans, ad rempublicam nunquam accessit, seque in litteras abdidit. Antiquitatis autem cognoscendae cupidissimus, ad historiam potissimum ferebatur. Quapropter quum magnum illud opus animo agitaret, rerum videlicet principis terrarum populi perscribendarum, in urbem se contulit, sperans se plura et certiora monimenta inventurum. Quo anno Romam venerit parum liquet; venisse tamen constat sub initium imperii Augustei. Itaque quum diu vixisset in urbe terrarum domina, summisque viris, omni eruditione ornatis, maxime affluenti, nullum ei defuisse adiumentum videtur ad ingenium omni genere doctrinae excolendum. Historiam Romanam exorsus inter Actiacum et Cantabricum bellum, anno ferme urb. cond. DCCXXIV, eam evulgavit vivo adhuc Caesare Augusto. Post huius excessum in patriam rediit, ubi a civibus honorificentissime exceptus diem obiit imperante Tiberio, quum esset annos natus sex et septuaginta.

Livianae historiae maxima pars interiit. Etenim ex centum quadraginta libris, quibus res romanas ab urbe condita ad mortem Drusi Germanici complexus fuerat, quinque et triginta solum supersunt; neque illi quidem omnes ordine. Decem enim integri libri inter decimum et vicesimum desiderantur; alii praeterea omnes post quintum et quadragesimum.

Quum autem vel librariorum ignorantia, vel alia quavis temporum iniuria in reliquam huiusce operis partem complura menda irrepsissent, huic castigandae impense studuerunt Beatus Rhenanus, Laurentius Valla, Sigonius, Gronovius, Drakkenborchius, et memoria nostra Walchius[1], Iacobsius [2] aliique. Sed omnium maxime laudandus Ioannes Freinshemius, vir sane immortalitate dignus, qui collectis undique monumentis, quatuor supra centum Livianos libros deperditos supplevit, Romani historici stylum atque elegantiam, quantum fieri posset, imitatus [3].

[1] Emendationes Livianae auctore G. L. Walch. Berolini, 1815, in-8°.

[2] Livii Historiarum librum xxxiiI auctius atque emendatius cum Fr.Iacobsii suisque notis ex cod. Bamberg. edid. F. Göller. Francofurti, 1822, in-8°.

[3] Nuperrime etiam Livii manes demeritus est CLAUDIUS DALMATIUS, amicus idemque collega meus eruditissimus, qui italicam primae decadis interpretationem, exquisitae sane elegantiae, in lucem edidit (*La prima deca di Tito Livio, Volgarizzamento del buon secolo.* Torino, stamp. Reale, 1845, tom. 2, in-8°) ex codicibus bibliothecae Taurinensis depromtam, atque optimis animadversionibus auctam. Quem quidem virum, nimis maturo fato litteris ereptum, honoris causa nomino. Namque litterarias nugas aversatus, quas complures ex recentioribus plus aequo adamare consueverunt, utilem operam impendit in graviora studia, quibus litterae politiores in maius provehantur.

Quantae molis esset Romanorum res universas ab urbe condita ultra septingentesimum annum domi forisque gestas posterorum memoriae mandare, quisque facile existimabit, qui magnitudinem imperii, et innumeras rerum conversiones, et civium virtutem, et bellorum et eventuum varietatem perpendat. Qua tamen in re ita versatus est Livius, ut omnes historici numeros obiisse videatur; Iure igitur Quintilianus: « non indignetur, inquit, sibi Herodotus aequari T. Livium, cum in narrando mirae iucunditatis, clarissimique candoris, tum in concionibus, supraquam enarrari potest, eloquentem: ita quae dicuntur omnia, cum rebus tum personis accommodata sunt: affectus quidem, praecipue eos, qui sunt dulciores, ut parcissime dicam, nemo historicorum commendavit magis. Ideoque immortalem illam Sallustii velocitatem diversis virtutibus consecutus est [1]. »

Fuit quidem Asinius Pollio, acerbus ille scriptorum castigator aevi sui, qui patavinitatem quandam Livio exprobraret [2]. Verum hac de re sane longam edidit disputationem Morhofius vir clarissimus [3], ex qua colligi potest, eo solum spectasse hanc Pollionis animadversionem, ut quasdam in Livio locutiones carperet, quae patavinum loquendi

---

(1) De inst. orat. x, 1, 101 et seqq. — Cf. WITTENBACH., Biblioth. crit., P. xII, pag. 28 et 29.

(2) QUINTIL., op. cit. vIII, 2, 3.

(3) Exstat inter eius disputationes academicas. Hamburgi, 1699, item in edit. Liv. Drackenborch. Lips., 1801, 1804, in-8°.

genus fortasse redolerent. Quibus tamen historici nostri fama non est obscurata; quin immo singularis facundiae vir ab elegantioribus semper habitus est.

Fuere etiam ex recentioribus nonnulli, qui acerbius in Livium invecti, omnem prope auctoritatem ei detrahere conarentur [1]. Livium, aiunt, splendido ac·poëtico ingenio ā natura donatum, suavem atque ornatum rerum gestarum narratorem exstitisse; at in iis, quae de ·prioribus urbis saeculis perscripsit, omnino ei fidem esse detrectandam, propterea quod necessariis adiumentis careret ad exarandam historiam, eique fabulas inseruerit, quae ad heroicas, quas vocant, aetates pertinerent. Adde frequentem illam prodigiorum et portentorum énumerationem, quae nemini sane probabuntur, si indoctum popellum excipias; adde complura loca, quibus de eadem re contraria tradit; multa denique ·praetermissa, aut fusius narrata, aut nimia brevitate obscurata, plane ut inter Milesiarum fabularum scriptores, potius quam inter gravissimos historicos enumerandus esse videatur.

At suam Livio auctoritatem firmissimis iam argumentis asseruerunt, Rupertius, Heerenius, Ernestius, Antolinius, aliique; nuperrime vero Lachmannus [2] confirmavit, historico nostro sinceros fontes non defuisse, ex quibus narrationes suas

___

(1) In his prae caeteris recensendus est B. G. Niebuhrus, acerrimi ingenii, et singularis doctrinae vir.

(2) De fontibus historiarum T. Livii. Gottingae, 1822, in-4°.

derivaret. Quis autem tam hospes in rebus romanis
est quin sciat, abunde Livio monumenta patuisse,
ex quibus certam rerum narrandarum notitiam
consequeretur? Quid annales memorem, in quibus res omnes singulorum annorum mandabat litteris Pontifex Maximus? Quid libros censuales,
quid columnas, arcus, titulos statuis, sepulcris,
imaginibus passim inscriptos, aereas denique tabulas, quarum tria millia imperante Vespasiano
conflagrasse narrat Svetonius [1], ubi pene ab exordio urbis senatusconsulta et plebiscita continerentur?

Quod si noster a fabulis non abstinuit, quae
de romanae gentis primordiis ferebantur, quis merito illum arguat, quum et vetustiora tempora
μῦθοις sint involuta, quos ingenuo historico non
liceat praetermittere, et Livius ipse vel ab initio
historiae suae testetur, eos nec affirmare, nec re-
fellere sibi in animo fuisse? Quod autem plurimum
fuerit in commemorandis prodigiis et portentis,
quae Romanorum animos in religionem motos ter-
rerent, id laudi potius, quam vitio historici tribuendum arbitror, qui sic Romanorum opiniones,
mores et instituta verissimis coloribus depinxit.

Caeterum ad mathematicam rationem haec omnia
sic exigenda non puto, ut si qua in tantae molis
opere minus accurata historico exciderint, idcirco
levitatis aut mendacii insimulandus esse videatur;

---

(1) Vespas., VIII.

quum praesertim nonnulla occurrant apud veteres gravissimorum virorum testimonia [1], qui Livium eloquentiae ac fidei praeclarum in. primis praedicare non dubitant. Hoc igitur tenendum, Livium, rara illa temporum felicitate usum , quibus res Romanorum pari eloquentia ac libertate memorabantur, totam illam populi romani maiestatem in immenso suo opere mirum in modum expressisse, sive res ab ipso narratas spectes, quae tot tamque memorabiles casus complectuntur, sive demum magnificum illum ornatum orationis, et lacteam ubertatem, quam Quintilianus [2] in illo laudabat.

§ 5.

Trogus Pompeius, aliique historici, quorum opera desiderantur.

Ad hanc aetatem pertinent alii rerum gestarum narratores. Inter quos eminet *Trogus Pompeius* [3], maioribus Gallis prognatus, qui libris quatuor et quadraginta, universi orbis sed praecipue Graecorum historiam complexus est. Theopompum secutus, historias suas *Philippicas* appellavit; namque

(1) Cremutius Cordus apud Tacit., Annal., IV, 34.

(2) Op. cit. X, 1, 32.

(3) De Trogo Pompeio vide IUSTIN., Praefat. lib. XLII. — IACOB. BONGARS. — G. VOSS., lib. I, 19, de histor. lat. — A. H. L. HEEREN, De Trogi Pompeii eiusque epitomatoris fontibus et auctoritate, in vol. XV Comment. societ. Gottingae; item Augustae Taurinorum in editione Iustini, 1848, in-8°.

a libro septimo ad primum et quadragesimum res persecutus est regni Macedonici, quod angustis antea finibus inclusum Philippus, Alexandri Magni pater ampliavit. Sed horum librorum tantummodo exstat epitome a Iustino (1) concinnata. Desiderantur etiam *Asinii Pollionis, Lucii Luceii, Hortensii, Aelii Tuberonis, M. Bruti, T. Pomponii Attici, Messallae Corvini* (2), *Augusti* et *Agrippae* opera historica. Ex tot autem monumentorum naufragio emerserunt fragmenta quaedam annalium *L. Fenestellae* (3), et reliquiae *Fastorum* anni romani, quos *M. Verrius Flaccus* (4) a se ordinatos, in foro Praenestino circa hemicyclium, marmori incisos publicavit.

(1) Vide lib. iv, cap. I.

(2) *De Augusti progenie* libellus, qui sub Messallae nomine pluries editus fuit, ex communi eruditorum sententia, plane supposilicius est.

(3) Scripserat Fenestella annal. libros xxII. Horum fragmenta cum notis variorum edidit Haverkampius in vol. iI Sallustii ab eo illustrati. Amstelod., 1742.

(4) V. Sveton., De illustr. grammat., xvII. — Horum fastorum fragmenta, effossa anno christiano mdcclxx, edita sunt in libro, qui inscribitur: *Fastorum anni Romani a Verrio Flacco ordinatorum reliquiae, cura P. Fr. Fogginii.* Romae, mdcclxxix, in-fol. — Accedunt Verrii Flacci operum fragmenta omnia.

CAPUT X.

DE ELOQUENTIA.

§ . I.

M. Tullius Cicero.

Quamquam nulla aetate uberior fuit oratorum foetus; attamen quum perpauci ferantur memoria digni, neque ita multi qui omnino nomen habuerint, res ipsa admonet, ut de *M. Tullio Cicerone* paullo fusius dicamus, qui, omnium iudicio, primas in eloquentia facile tulit.

In agro Arpinati ex equestri familia natus est anno post urbem conditam DCXLVII. Qui acerrimum. et docile ingenium nactus, postquam ex domestica M. Tullii patris disciplina haud poenitendos fructus perceperat, adolescentulus una cum Quinto fratre Romam fuit deductus. Ibi. litteras primum doctus est ab Aulo Licinio Archia poëta, cuius tunc maxime celebratum erat in urbe nomen. Postea vero Apollonium Molonem Rhodium, actorem summum causarum et magistrum, Diodotum Stoicum, Phaedrum et Zenonem Epicureos, et Philonem Academicum audivit; iuris autem civilis praeceptorem habuit Q. Mucium Scaevolam, cui ita fuit deditus, ut, quoad posset, ab eius latere nunquam discederet.

His igitur ingenii et doctrinarum praesidiis egregie ad eloquentiam institutus Cicero in foro coepit versari; primaque causa pro Sex. Roscio dicta tantum habuit commendationis, ut nulla esset quae non digna eius patrocinio videretur.

Erat eo tempore in Cicerone summa gracilitas et infirmitas corporis; quumque amici et medici eum hortarentur, ut causas agere desisteret, ad firmandam valetudinem in Asiam profectus est. Quum venisset Athenas, sex-menses fuit cum Antiocho, nobilissimo veteris academiae philosopho, simulque disciplina usus est Demetrii Syri, non ignobilis dicendi magistri. Postquam vero Asiam totam peragrasset, Rhodum petiit, seque ad eundem, quem Romae audiverat, Molonem applicavit.

Ita in urbem se recepit biennio post:non modo exercitatior, sed prope mutatus. Tunc enimvero cum propter assiduitatem in causis et industriam, tum propter exquisitius et minime vulgare orationis genus, animos hominum ad se dicendi novitate convertit. Quare primum quaestor, deinde aedilis curulis et praetor primus incredibili populi voluntate fuit renuntiatus; ac tandem anno urbis conditae ferme DCXC consulatum adeptus, ob detectam et exstinctam Catilinae coniurationem in primis enituit. Haud ita multo post in Clodii aliorumque improborum civium invidiam adductus, patria exsulavit; donec P. Cornelio Lentulo et Pompeio praesertim adnitentibus, sextodecimo mense summa cum dignitate in urbem fuit revocatus.

Annos natus quátuor et quinquaginta in collegium Augurum cooptatus est; mox vero proconsul

Ciliciam provinciam sortitus, bellum ibi feliciter gessit, et imperatoris nomen promeruit. Exardescente bello civili, Pompeii partes secutus est. Quamquam vero mortuo Pompeio in gratiam redierat cum Caesare; attamen quamdiu hic rerum omnium dominatum tenuit, noster administratione reipublicae liberatus, sese totum philosophiae tradidit, a quo et doloris medicinam, et otii oblectationem honestissimam peteret. Post dictatoris caedem civilibus fluctibus iterum iactatus, Antonii triumviri iussu, cuius odium *philippicis* sibi maxime contraxerat, interfectus est anno urb. cond. DCCXI, quum aetatis annum ageret quartum et sexagesimum.

Etsi Tullius queritur (1), infinitum forensium rerum laborem, senatoria munera, et turbulentissimas reipublicae tempestates obstitisse, quominus confirmata aetate eas artes celebraret et recoleret, quibus a puero deditus fuerat; attamen in maximis illis rerum asperitatibus, et angustiis temporis, quantum ei vel fraus inimicorum, vel causae amicorum, vel respublica tribueret otii, ad scribendum potissimum contulit. Et plurima quidem Tulliana opera temporis iniuriam evaserunt, ex quibus supersunt *novem et quinquaginta orationes*, quas ille habuit vel ad populum, vel in senatu. In his autem tot virtutes elucent, ut, teste Quintiliano (2), in hoc Romano oratore « totas vires

---

(1) De orat., I, 1.
(2) De instit. orat., x, 1, 108.

suas elequentia experta sit. Quis enim docere diligentius, movere vehementius potest? Cui tanta unquam iucunditas affuit? Ipsa illa quae extorquet, impetrare eum credas, et quum transversum vi sua iudicem ferat, tamen ille non rapi videatur, sed sequi. Iam in omnibus quae dicit tanta auctoritas inest, ut dissentire pudeat..; quum interim haec omnia, quae vix singula quisquam intentissima cura consequi posset, fluunt illaborata, et illa, qua nihil pulchrius auditu est, oratio praesefert tamen felicissimam facilitatem. Quare non immerito ab hominibus aetatis suae regnare in iudiciis dictus est [1]; apud posteros vero id consecutus, ut Cicero iam non hominis nomen, sed eloquentiae habeatur. » Idem Quintilianus [2] Tullium cum Demosthene comparans: « ipsorum virtutes, ait, plerasque arbitror similes, consilium, ordinem dividendi, praeparandi, probandi rationem, denique quae sunt inventionis. In eloquendo est aliqua diversitas [3]: densior Demosthenes, copiosior Tullius; ille concludit astrictius, hic latius; pugnat ille acumine semper, hic frequenter et pondere; illi nihil detrahi potest, huic nihil adiici; curae plus in illo, in hoc naturae. Salibus certe et commiseratione, qui duo plurimum affectus

---

(1) Vide TULLIUM ipsum in epist. ad famil. VII, 24; IX, 18.

(2) Op. cit. X, 1, 106.

(3) Hanc quidem diversitatem nemo sanus reprehendet. Namque tum Graecus, tum Romanus orator audientium auribus orationem suam accommodavit.

valent, vincimus. » Praeterea hoc nomine praesertim laudandus est noster, quod stilum prudenti ratione rebus et hominibus accommodavit. Quod quidem non in orationibus tantum spectatur, sed et in *epistolis*, quae mille et amplius enumerantur ab eo scriptae ad familiares, ad Atticum, ad Quintum fratrem, ad Brutum [1]. Quae sane epistolae tum ad mores et ingenium Ciceronis cognoscendum, tum ad turbida reipublicae tempora explicanda, tum vero ad civilem prudentiam atque elegantiam stili mirum in modum conferunt.

Verum Tullius non modo oratorum romanorum facile princeps fuit; sed omnes qui oratoriae artis praecepta traderent, longe superavit. Eius opera, quae ad rhetoricam pertinent, octo enumerari consueverunt :

1.º *De inventione rhetorica libri* iI, opus mutilum, quod Tullius admodum adolescens exaravit.

2.º *De oratore libri* iiI *ad Quintum fratrem*, in quibus agit de oratore instituendo, et eloquentiae laudes celebrat.

3.º *Brutus, sive de claris oratoribus;* ubi celeberrimos oratores, maximeque romanos depinxit.

4.º *Orator, seu de optimo genere dicendi, ad Brutum.* In hoc libro perfecti oratoris imaginem nobis exhibet Tullius.

5.º *Topica ad Trebatium;* hoc est de fontibus probationum, seu de locis unde eruuntur argumenta.

(1) Epistolarum ad diversos libri xvI; ad T. Pomponium Atticum libri xvI; ad Quintum fratrem libri iiI; ad Brutum liber singularis.

6.° *De partitione oratoria dialogus*, quo Cicero Marcum filium docet praecepta artis oratoriae. In hac ieiuna scriptiuncula desiderantur praesertim exempla, quibus praecepta illustrentur.

.7.° *De optimo genere oratorum*; brevis disputatio, quam Tullius veluti prologum praemiserat duabus orationibus Demosthenis atque Aeschynis, a se e graeco in latinum sermonem conversis.

8.° Denique *Rhetoricorum ad C. Herennium libri* iv. Quod tamen opus plerique criticorum potiusquam Ciceroni, Lucio Cornificio, vel M. Antonio Gniphoni, vel alii ex veteribus tribuendum censent.

Quamquam vero laudantur Tulliana opera *de rhetorica*, quae hactenus memoravi; ex his tamen, omnium sententia, praecipuam tulerunt laudem dialogi *de oratore* ad Quintum fratrem, in quibus Crassus, Antonius, Catulus senex, C. Iulius frater Catuli, Cotta et Sulpicius loquentes inducuntur. In hisce libris non aliorum tantum rhetorum more praecepta tradit noster; sed de ipsis praeceptis iudicat. Et primo quidem libro disserit de artibus, quibus instructus esse debeat orator; in secundo agit de inventione et dispositione; in tertio demum quae spectant ad elocutionem eleganter atque ornate persequitur. Hos libros quanti fecerit Tullius ipse patet apertissime ex quadam epistola ad Atticum [1]: « Sunt etiam, inquit, de oratore libri tres, mihi vehementer probati. » Et in alia epistola ad eun-

_____

(1) Lib. xiiI, ep. 19.

dem Atticum [1]: « De libris oratoriis factum est à me diligenter: diu multumque in manibus fuerunt; describas licet. » Et revera praeter quam quod abhorrent a communibus praeceptis, et omnem antiquorum rationem oratoriam complectuntur, ea nitent sermonis elegantia, ut nihil hac in re perfectius, nihil iucundius a Tulliano ingenio posset proficisci.

§ 2.

Q. Hortensius, aliique huiusce aetatis oratores et rhetores.

Postquam diximus de M. Tullio Cicerone, satis erit eos oratores et rhetores memorasse, qui huiusce temporis aequales, aut paullo posteriores, in eadem palaestra elaborarunt. Horum quidem princeps fuit *Q. Hortensius*, qui quum admodum adolescens orsus esset in foro dicere, celeriter ad maiores causas adhiberi coeptus est [2]. Erat autem in verborum splendore elegans, compositione aptus, facultate copiosus; eaque erat quum summo ingenio, tum exercitationibus maximis consecutus. Postremo maxima eius vis in actione erat sita,

---

(1) Lib. IV, ep. 13. Cf. Tullii epistolam ad Leptam (ad famil. VI, 18). *Oratorem* meum tantopere a te probari vehementer gaudeo. Mihi quidem sic persuadeo, me, quidquid habuerim iudicii de dicendo, in illum librum contulisse. Qui si est talis, qualem tibi videri scribis, ego quoque aliquid sum; sin aliter, non recuso, quin, quantum de illo libro, tantundem de mei iudicii fama detrahatur.

(2) TULL. in Bruto, LXXXVIII.

unde fiebat, ut orationes eius pronuntiatae magis quam lectae placerent. Hunc, aiunt, Ciceronis aemulum, quum dicendi studium paulum remisisset, ab eo tandem fuisse superatum [1].

Ad Hortensium proximi accedunt *M. Crassus*, *L. Torquatus*, *Cn. Pompeius Magnus*, *M. Messala*, *duo Metelli*, *C. Lentulus Marcellinus*, *Triarius*, *duo Lentuli*, *P.* et *L. C. Pisones*, et *M. Caelius*, quorum virtutes et vitia exposuit Tullius in Bruto [2]. Hos tamen omnes vincit *M. Calidius*, qui non fuit orator unus e multis, sed potius inter multos prope singularis [3].

Ut autem praetermittamus *C. Curionem* et *L. Licinium Calvum*, qui si diutius vixissent, magnam essent eloquentiae laudem consecuti, iuvat prae caeteris nominare *Marcellum*, quem Brutus [4] Ciceroni similem fore iudicavit, et Iulium Caesarem; qui ab Attico dictus est omnium fere oratorum latine loqui elegantissime [5]. Quibus demum adiungendus *M.* ille *Brutus*, quem Tullius [6] dicere non dubitavit, non linguam modo acuisse exerci-

(1) De Hortensio vide TULLIUM in Bruto, I, iI, LxIIiI, LxxxviiI et seqq. Qui autem plura cupit, adeat L. C. LUZACII Dissertationem de Hortensio.

(2) Cap. LxvI, Lxx, LxxvI—LxxxviI.

(3) Ibid. Lxxx. Cf. QUINTIL. x, 1.

(4) Apud TULL. in Bruto, LxxI.

(5) Ibid. LxxII. Cf. QUINTIL. (De inst. orat. x, 1, 114). « Si C. Caesar, ait, foro tantum vacasset, non alius ex nostris contra Ciceronem nominaretur; tanta in eo vis est, id acumen, ea concitatio, ut illum eodem animo dixisse, quo bellavit, appareat ». — Novem praecipue Caesaris orationes ferebantur; de quibus vide FABRIC., Bibl. lat. lib. I, cap. 10.

(6) In Bruto, xcvII.

tatione dicendi, sed et ipsam eloquentiam locupletavisse graviorum artium instrumento, et iisdem artibus decus omne virtutis cum summa eloquentiae laude iunxisse.

Hactenus de oratoribus, in quibus nihil nisi sincerum et sanum occurreret. Venio nunc ad illa tempora, quibus romana respublica in unius Augusti dominatum concessit. Exinde paullatim defloruit eloquentia, cuius mox interiturae quasi semina iam se vivo sparsa fuisse Tullius querebatur [1]. Neque aliter fieri potuit. Namque stante republica eloquentiae studio maxima erant proposita praemia vel ad gratiam, vel ad opes, vel ad dignitatem. Quum autem omnia unius voluntate regerentur, cives non iam eloquentia, sed largitionibus, corruptelis, adsentationibus, aliisque malis artibus ad divitias, ad potestatem, ad imperia nitebantur. Quominus tamen eloquentia subito caderet, atque ad nihilum veniret obstitit Augusti liberalitas et magnificentia; eoque imperante aliquot etiam fuerunt insignis facundiae viri, ut *M. Valerius Messalla Corvinus*, et *C. Asinius Pollio*, quorum primus dicitur a Quintiliano [2] nitidus et candidus, et quodammodo praeseferens in dicendo nobilitatem suam; in altero multa inventio laudatur, et summa diligentia [3].

Omnium vero, qui hac aetate post exstinctam

(1) Tuscul. disput. II, 9; de offic. II, 19.
(2) De inst. oral. x, 1, 113.
(3) Ibid.

rempublicam dicendi laude floruerunt, eloquentissimus habitus est *Caesar Germanicus*, cuius ingenium in utroque eloquentiae et doctrinae genere praecellens laudat Svetonius [1].

Messalla igitur , Pollio et Germanicus , etsi a vetere illa et recta dicendi via paullulum iam deflexerant [2]; a plerisque tamen laudantur proptereaquod illorum orationes pluribus etiam virtutibus niterent. Culpantur e contrario *Cassius Severus*, *Gallio* et *Maecenas*, qui, qua erant vitae mollitie, eadem orationem suam contaminarunt; ut eorum potissimum opera romana eloquentia corrumperetur [3].

Caeterum etsi maximus fuit hac tempestate latinorum oratorum proventus, iuvat tamen animadvertere, bene dicendi scientiam, quam ῥητορικήν Graeci vocant , sero apud Romanos fuisse receptam [4], nonnunquam etiam legibus prohibitam exerceri [5]. Postea vero quam latinae eloquentiae disciplina utilis atque honesta apparuisset , multi

---

(1) In Caligula, ul. — Cf. Dionem Cassium, lvl, 26. — Ovidium, Fast. I , 21.

(2) Vide Dialog. de caussis corruptae eloquentiae, cap. xxI.

(3) Hoc apertissime testatur auctor *Dialogi*, quem modo memoravi in cap. xxvI. — Cf. Quintil. op. cit., ix, 4, 28; x, 1, 116. — Sveton. in Augusto, lxxxvI. — Senec., Epist. ad Lucil. cxiv.

(4) Sveton. De clar. rhetor. I.

(5) Vide Tull., De orat. ul, 24. — Sveton., loc. cit. — Apud Gellium (xv, 11) verba senatusconsulti de exigendis urbe Roma philosophis et rhetoribus; item verba edicti Censorii, quo improbati et coërciti sunt qui disciplinam rhetoricam Romae instituere et exercere coeperant. — Cf. Cellar., Dissert. de Romanorum studiis litter., s. I, § 8. — I. Cleric., Art. crit., P. il, s. I, c. 17.

eam praesidii causa et gloriae appetiverunt. Et
extremis quidem Lucii Crassi temporibus (1) latini
primum magistri dicendi exstiterunt, quorum insignis maxime fuit *L. Plotius* Gallus, apud quem,
puero Cicerone, studiosissimus quisque exercere-
tur. Hunc subsecuti sunt *L. Otacilius Pilitus*, *Epi-
dius*, *Sextus Clodius*, *C. Albutius Silus*, novariensis,
L. Caestius Pius, *M. Porcius Latro* (2) et *Rutilius Lupus* (3), qui Gorgiam secutus, graecum sui temporis rhetorem, opellam exaravit de *figuris sententiarum et elocutionis* (4), quae hodieque exstat.

CAPUT XI.

DE PHILOSOPHIA.

§ 1

M. Tullius Cicero.

Ad oratoriam Ciceronis facultatem, ut ipse pro-
fitetur, plurimum contulit immensa illa doctrinae

---

(1) Tull., De orat. III, 24. — Cf. Quintil. II, 4, 42. — Sueton.,
De clar. rhetor. II.

(2) De Caestio et Latrone aliisque nonnullis egerat Svetonius in
ea parte libri sui *De claris rhetoribus*, quam tempus nobis invidit.

(3) Quintil. IX, 2, 101 et seqq.

(4) P. Rutilii Lupi *De figuris sententiar. et elocut.* libri II; recensuit et adnotationes adiecit David Ruhnkenius. Lugduni Batav.,
1768, in-8°.

seges a graecis philosophis petita, quam ipse aetate maturior cum civibus suis ita communicavit, ut merito dictus sit philosophiam a Graecis ad Romanos primus transtulisse.

Exstant, praeter nonnulla fragmenta, duodecim Tulliana opera philosophica [1]; quorum veluti prooemium haberi possunt libri iI *academicorum*, in quibus agitur de academiae recentioris doctrina [2] ab Arcesila usque ad Philonem, sive, ut brevius dicam, *de veritate humanarum cognitionum.*

In libris v *de finibus bonorum et malorum* exquirit noster quidnam de summo bono et summo malo senserint Epicurei, Stoici et Peripatetici.

Tusculanae disputationes, quae libris v continentur, sunt veluti *miscellanea* philosophica, in quibus res aguntur ad bene beateque vivendum maxime necessariae; ita tamen ut certum unicuique libro sit propositum argumentum.

·Epicureorum, Stoicorum atque Academicorum placita de Deo et providentia complectuntur libri iI *de natura Deorum.* Cuius quidem scriptionis veluti appendix haberi potest disputatio *de divinatione,*

[1] Perierunt ex Tullianis operibus philosophicis *Consolatio*, *De gloria* libri iI, et dialogus *Hortensii* nomine inscriptus, quem Tullius exaraverat, ut Romanam iuventutem ad philosophiae studium excitaret. Huiusce operis fragmenta, quae pauca supersunt, collegerunt prae caeteris SIGONIUS in Cic. fragm., pag. 20, 26, 98, 118 et seqq. — PATRICIUS in Cic. fragm., pag. 49, 56, 156, 163 et seqq.

[2] Multiplex est academiarum divisio. Cicero duas tantum academias enumerat; *veterem*, in qua floruerunt, praeter caeteros, Socrates et Plato; *novam*, in qua enituit Arcesilas. Vide in hanc rem RITTER, *Histoire de la philosophie.*

quam noster bifariam ita divisit, ut in libro primo Quintum fratrem inducat ex Stoicorum doctrina profitentem, se divinationem sequi, omnium populorum consensu comprobatam; in altero vero Stoicorum sententiam de divinatione a Quinto fratre defensam ipse refellat. Hisce libris de natura Deorum et de divinatione tamquam complementum accedit liber mutilus, in quo implicatissimam *de fato* quaestionem pertractavit.

Libros *de legibus* numero sex exaraverat Cicero. Sed quum quartum, quintum et sextum temporis iniuria nobis inviderit, tres priores tantummodo supersunt. In his Tullius ipse inducitur loquens cum Quinto fratre et Tito Pomponio Attico de origine et natura iuris universi, et de legibus, quibus Romani potissimum regerentur.

In libris III *de officiis* agitur praesertim de rebus honestis et utilibus; in opella *de senectute* refelluntur quae vulgo senectuti obiici solent; in libro *de amicitia* ea tangit philosophus romanus, quibus vera a falsa amicitia dignoscatur, et leges proponit, quibus illa sit regenda. *Paradoxa* vero complectuntur absurda quaedam Stoicorum placita.

Restant libri VI *de republica*, quos si quis cupiat definire, recte dixerit, nihil aliud esse, nisi quamdam romani imperii historiam, in qua per summa capita ea narrantur, quae Romani ad rempublicam constituendam et tutandam sanxerunt; quibus multae animadversiones accedunt ex philosophia et civili prudentia depromtae. Omnibus

Tullianis operibus philosophicis hoc esse anteponendum concordes testantur critici doctissimi. Dolendum .igitur aliqua dumtaxat fragmenta, nullo saepe inter se vinculo consociata, ad nos pervenisse [1].

Hic si quis fortasse requirat quinam fuerit Tullianae philosophiae fons praecipuus, aio, Ciceronem a prima inde aetate ad summam senectutem, omnium graecorum philosophorum studiosissimum, Platonem prae caeteris adamasse, atque ad Academicorum doctrinam se in primis applicuisse, quod hac oratorem maxime ali adiuvarique arbitraretur [2]. Qua tamen in re eo praesertim videtur spectasse, ut doctrinae varietatem, adhibito iudicio et delectu, ad elegantem vitae ·et philosophandi usum accommodaret. Caeterum quum philosophia usque ad Tullianam aetatem nondum fuisset latinis litteris explicata [3], Cicero primus eam recte illustravit, et luminibus etiam oratoriis usus, omnem Graecorum copiam et elegantiam expressit; magni existimans interesse ad decus et laudem civitatis, res tam · graves tamque praeclaras, latinis etiam litteris contineri [4]. Quum autem, ut modo memoravi, graecorum omnium. philosophorum rationes plane perspectas haberet noster, et suam

---

(1) Tullianos libros *De republica* post diuturnam oblivionem in lucem revocavit ANGELUS MAIUS, vir doctissimus, anno MDCCCXXII.

(2) TULL., Orat. ad M. Brutum IV. — Cf. praefat. paradox. ad Brutum.

(3) V. TULL., Academ. posterior., lib. I; cap. 2.

(4) De nat. Deor. I, 4.

de illis sententiam prudenter ac libere ferret, iam
patet quantum civibus suis profuerit, et quanta
hodieque sint eius in philosophiam merita.

§ 2.

L. Lucullus — C. Aurelius Cotta — M. Terentius. Varro, aliique philosophi Augusteae aetatis.

Praeter Philonem, Diodotum aliosque, de quibus iam dictum est, complures graeci philosophi
hac aetate Romam adventantes, ibi consederunt
vel docendi causa, vel quod principum virorum
gratia gauderent. In his *Nicolaum Damascenum* praesertim memorant, *Xenarchum*, *Athenaeum Seleuciensem*,
Peripateticos; *Thrasyllum* Platonicum, atque *Athe-
nodorum* Tarsensem, Stoicum. Hinc vero factum est,
ut Romani alii aliam graecorum philosophorum familiam sectarentur.

Academicorum. rationem, cui Tullius ipse deditus fuit, tenuerunt in primis *L. Lucullus*, summo
vir ingenio, et multa doctrina expolitus [1]; *C. Aurelius Cotta*, quem in libris de natura Deorum contra Epicurum et Stoicos disputantem videmus; *M.
Terentius Varro*, ad quem Cicero scripsit libros quatuor academicorum [2]; *M. Brutus*, qui, teste Tullio,
philosophiam latinis litteris ita est persecutus, nihil

---

(1) TULL., Academ. disput. II, 2.
(2) V. TULLII epistol. ad diversos, lib. IX, 8; academ. disput. I, 2, 3.

ut iisdem de rebus Graecia desideraret (1); postremo *Publius* et *Caius Selii*, et *Tetrinius Rogus*, quos
Philonis auditores et doctos homines appellat Catulus apud Ciceronem (2).

Fuere etiam docti ex Stoicorum disciplina complures, inter quos, omnium sententia, eminet *M.
Porcius Cato Uticensis.* Hic enim Zenonis praecepta
arripuerat non disputandi causa, ut magna pars,
sed ita vivendi. Quare incredibilem gravitatem,
quam erat a natura sortitus, perpetua constantia
sic roboravit, ut stoicae doctrinae severitatem et
vita pariter et morte referret (3). Praeter Catonem,
ut alios praetermittam, Stoicis sunt annumerandi
L. Aelius, eques romanus (4), *C. Blossius* Cumanus,
et *Boëthus*, quem Tullius in libris de divinatione (5)
inter illos memorat, qui prognosticorum caussas
sunt prosecuti.

Nec praetermittendi nonnulli, qui ad aliorum
philosophorum disciplinam se contulerunt. Sic totum se Peripateticis tradidit *M. Pupius Piso*, cognomento *Calpurnianus*, quem Cicero de illorum do-

(1) Academ. poster. I, 3. — Inter Bruti opera philosophica re-
censetur liber *De virtute*, quem ad Ciceronem miserat. V. de finib.
bonor. et malor. I, 3.

(2) Academ. prior. lib. II, 4.

(3) De Catone stoico vide TULL. in orat. pro Muraena, cap. XXIX
et seqq. — Cf. de finib. bonor. et malor. III, 18; praefat. ad paradox.; de offic. I, 31.

(4) V. TULL. in Bruto, LVI. — SVETON., De grammat. III. Hic
idem ille est *L. Aelius Stilo*, quem in grammaticis iam memoravimus. Lib. I, c. 11.

(5) I, 8; II, 21.

ctrina disserentem inducit in libro v de finibus
bonorum et malorum ; Pythagoreis nomen dedit
P. Nigidius Figulus, vir quum caeteris artibus ornatus, quae dignae libero essent, tum acer in-
vestigator et diligens earum rerum, quae a natura
involutae videntur [1]. Post Nigidium vero *Q. Sextius*,
qui Pythagorae placita alia quadam ratione expli-
care conatus est [2].

Sed prae caeteris latissime apud Romanos patuit Epicureorum doctrina, sive quod erat cognitu
perfacilis, sive quod homines invitarentur illecebris
blandae voluptatis [3]. Praecipue vero hac aetate
epicureae rationis aemuli nominantur *T. Pomponius
Atticus* [4], *C. Velleius* [5] et *L. Torquatus*, in quo fuisse
dicuntur plurimae litterae, nec eae vulgares, sed
interiores quaedam et reconditae, divina memoria,
summa verborum et gravitas et elegantia [6]; quibus adiungendi sunt *T. Albucius*, *C. Cassius*, *M. Fabius
Gallius*, *L. Saufeius* aliique nonnulli. Nec plura de
philosophis huiusce aetatis, ex quibus egregium
quemque nominasse sufficiat.

---

(1) TULL. in fragment. Timaei Plat. I.

(2) V. SENECAE epist. ad Lucil. cviii; de ira, iii, 36; natur.
quaest. vii, 32.

(3) TULL., Tuscul. disput. iv, 3.

(4) V. TULL. epist. ad divers. xiii, 1; ad Attic. v, 19; de finib.
bon. et mal. I, 5; v, 1; de legib. I, 7.

(5) De nat. Deor. I, 6; de orat. iii, 21.

(6) TULL. in Bruto lxxvi; de finib. bon. et mal I, 5.

CAPUT XII.

DE SCRIPTORIBUS RERUM MATHEMATICARUM ET NATURALIUM.

§ 1

M. Vitruvius Pollio.

. Ut alia complura, ita et mathematicas disciplinas ex graecis fontibus hauserunt Romani ; nec multi admodum fuere, qui in intimam illam artium rationem inquirerent, quam θεωρίαν Graeci vocant. Omnibus sane excelluit *M. Vitruvius Pollio*, quem Augustus curae instrumenti bellici, et publicis aedificiis praefecit. In quanam urbe, quibus parentibus , quoque anno ortus sit non constat. Fuisse Veronensem plerique autumant ; honeste autem fuisse educatum, et sub Iulio Caesare stipendia fecisse ex ipsius opere colligimus (1).

Scripsit *de architectura* libros x ad imperatorem Augustum; in quorum primis septem agit de aedium constructione, in octavo de aquaeductibus, in nono de illa architecturae parte, quae in horologiis solaribus conficiendis versatur, quaeque a Graecis γνωμονικὴ dicitur; in decimo de mechanica.

In huiusmodi libris est Vitruvius melior architecturae, quam latinitatis magister. Eius enim stylus

(1) Cf. praefat. libr. I et II, et prooem. libr. IV operis Vitruviani *De architectura.*

plebeius est, et aurea illa latinae linguae aetate indignus. Quamquam vero orationem peregrinitate et humilibus dictionibus infuscat; attamen propter antiquitatem non est contemnendus; et si minus ad elegantiam, at confert ad linguae integritatem et copiam illius' lectio. Inde enim discimus voces ac locutiones arti architectonicae peculiares, quas frustra apud alios quaereremus.

§ 2.

M. Terentius Varro.

· Longior sane et molesta lectoribus accideret titulorum enumeratio, quos Varro plurimis et doctissimis operibus suis[1] praefixit, quosque a veteribus grammaticis servatos collegit Albertus Fabricius in bibliotheca latina. Itaque satis sit memorare, Varronem hunc nostrum de omnibus fere disciplinis scripsisse, quae ad illam diem a veteribus aut aequalibus suis fuissent illustratae. Quapropter iure a Quintiliano [2] Romanorum eruditissimus dictus fuit, peritissimus linguae latinae, et omnis antiquitatis, et rerum graecarum romanarumque.

---

(1) Constat ex A. Gellio (Noct. Att. nI, 10), Varronem anno actatis suae octavo et septuagesimo iam quadringenta et nonaginta volumina conscripsisse; ex Plinio autem (Hist. mundi, xxxix, 4), eundem Varronem, quum annum iam ageret octavum et octogesimum, scribendi finem nondum fecisse.

(2) De inst. orat. x, 1, 95. — Cf. Tull., Academicor. I, 3; Brut. xv; epist. ad divers. ix, 8. — Senec., Consolat. ad Helv., c. viii.

Ex Varronianis operibus, praeter alia nonnulla, supersunt libri tres *de re rustica*, quos octogenarius exaravit. In primo docet quanam ratione terra sit colenda; in secundo agit de animantibus, quibus in agro colendo praesertim opus est; in tertio de villaticis pastionibus, hoc est de animalibus, quibus villa aptum pabulum suppeditat. De doctrina, quae in hoc opere continetur, nostrum non est disserere. Stylus elegantior atque ornatior quam Catonianus, is ferme est, qui scriptorem deceat aetatis Augusteae. Id unum fortasse quis reprehendat, quod minus apta verborum constructio facit, ut sensus implexus quodammodo et subobscurus interdum legentibus contingat.

§ 3.

Antonius Musa. — Aulus Cornelius Celsus.

Si *Antonium Musam* excipias, medicum Augusti Caesaris, cui nonnulla perperam tribuuntur fragmenta *de tuenda valetudine* et *de compositionibus medicis* [1], unus fuit hac aetate [2] rei medicae scriptor *Aulus Cornelius Celsus*, patria Romanus.

---

(1) Antonii Musae fragmenta, quae exstant, collegit Florianus Caldani. Bassani, an. 1800, in-8°.

(2) De Celsi parentibus, deque eius vita altum silentium est apud veteres. Quare etiamsi Columella (de re rust. I, 1) aequalis Claudii imperatoris, aetatis suae scriptoribus Celsum adnumeret; attamen plerique elegantia et nitore Celsianae dictionis permoti, aevo Augusteo, a quo certe non abfuit, ipsum adscribendum putarunt.

Praeter fragmentum *de arte dicendi*, ex Celsi operibus [1] ad nos pervenerunt *de re medica* libri viiI, qui sunt pars sexta operis, quod ipse *de artibus* conscripserat. In his Hippocratem Coum praesertim secutus, intima medicinae penetralia dicitur subiisse; occulta, complexa et involuta sic aperiendo, ut firma hinc valetudinis praesidia peti possint. Verum hac de re peritorum iudicium esto. Ad nos quod attinet, satis sit dicere, Celsum concinna et eleganti scribendi ratione sic commendari, ut iure meritoque *medicorum Cicero* fuerit appellatus.

CAPUT XIII.

DE IURISPRUDENTIA.

Ex disciplina Q. Mucii Scaevolae, quem supra memoravimus [2], plurimi prodierunt iurisconsulti. In his maxime laudatur *Caius Aquilius*, qui ex Tullii testimonio [3] iuris civilis rationem nunquam ab aequitate seiunxit; qui ita iustus et bonus vir fuit, ut natura non disciplina consultus esse videretur; ita peritus ac prudens, ut ex iure civili non scientia solum quaedam, verum etiam bonitas nata videretur. Sed omnibus longe praestitit *Servius*

---

(1) Constat ex Quintiliano (de inst. orat. xiI, 11, 24), Celsum non solum de philosophia, de iure civili et eloquentia scripsisse, sed rei militaris et rei rusticae etiam, et medicinae praecepta reliquisse.

(2) Lib. I, cap. 10.

(3) Orat. pro A. Caecina, xxviI.

Sulpicius Rufus [1], cuius admirabilem quandam et incredibilem ac pene divinam in legibus interpretandis, aequitate explicanda; scientiam extollit Cicero [2]; omnesque ait ex omni aetate, qui in urbe Roma intelligentiam iuris habuerunt, cum Servio Sulpicio non esse comparandos.

Huius vestigiis institerunt *A. Ofilius* et *Alfenus Varus* Cremonensis, rerum antiquarum non incuriosus, qui Digestorum libros quadraginta perscripsit, quorum nonnulla exstant fragmenta [3]. Fuere etiam et *C. Trebatius Testa* [4], et *Cascellius Aulus* [5], et *Q. Aelius Tubero*, et *Verrius Flaccus*, aliique complures viri praestantissimi, qui iuris civilis cognitionem atque interpretationem in possessione sua retinuerunt.

Sed quum iurisprudentia vehementer ad opes augendas et ad gratiam pertineret, plurimi, uti fit, qui neque ingenio neque auctoritate valerent, senescente republica, se ad ius respondendum dederunt. Quare in maxima illa temporum confusione, sicuti omnes honorum gradus, sic huius scientiae splendor ferme deletus est [6]. Tunc enimvero Augustus, ut pristinam iurisprudentiae digni-

---

(1) Exstant eius epistolae iI ad Ciceron. (iv famil. 5, 12).

(2) Philipp., ix, 5. — Cf. Brut. xxxxi.

(3) A. GELL., vI, 5. — Cf. HOFACKER, Dissertatio ad fragmenta, quae ex Alfeni Vari libris xL Digestorum supersunt. Tubingae, 1775, in-4°.

(4) Epist. ad famil. vil, 5.

(5) HORAT., Epist. ad Pison., v. 371.

(6) TULL., De offic. iI, 19.

tatem restitueret, prudentissimo cuique et peritissimo ius tantummodo esse voluit publice respondendi (1).' Et duo quidem, Augusto imperante, prae caeteris enituerunt, *Caius Alleius Capito* (2) et *Antistius Labeo* (3); quorum quum variae maximeque discrepantes essent de iure sententiae, factum est, ut iurisconsulti ex illorum disciplina profecti in duas easdemque diversas familias discederent (4).

CAPUT XIV.

DE GRAMMATICA.

Postquam Romani se graecis doctoribus excolendos dedissent, non defuerunt viri ingenio, doctrina et rebus gestis praeclari, qui vel in maximis occupationibus, latini sermonis expolitionem aggressi, de rebus grammaticis accuratissime scriberent. Sic C. Iulium Caesarem vidimus duos *de analogia* libros ad Tullium misisse (5). Marcus Terentius Varro quatuor et viginti libros exaravit *de lingua latina* (6). Grammaticas etiam commentatio-

(1) Apud Romanos iurisconsultorum responsa tamquam pars iuris scripti habebantur. V. IUSTINIAN. in § *Responsa prudentum*, de iure nat. gent. et civil.

(2) MACROB., Saturnal. VII, 13.

(3) Inter caetera Labeonis scripta enumerantur Πιθανῶν libri VIII, quorum nonnulla in Digestis exstant fragmenta. Cf. A. GELL., XIII, 10.

(4) V. BACH., Hist. iurisprud. Rom., l. III, c. 1., sect. 6.

(5) Cap. IX, § 1.

(6) Ex bisce libris, sex tantum reliqui sunt, in quibus dum verborum notationes minute persequitur Varro, frigidus interdum atque

nes litteris mandavit *P. Nigidius Figulus*, homo ex
Gellii sententia (1), iuxta Varronem doctissimus.
Marcus autem Valerius Corvinus *Messallae* libellos
edidit *de verbis et litteris singulis* (2). Quid quod ?
Tullius ipse artis huius diligentissimus fuit, et in
filio, ut ex epistolis apparet, recte loquendi usque-
quaque se asperum exactorem praebet (3). Caeterum Svetonius (4) grammaticae doctores praecipuos
laudat *M. Antonium Gniphonem*, magni ingenii virum,
qui docuit primum in divi Iulii domo, deinde in
sua privata; *M. Pompilium Andronicum*, *Orbilium Pu-
pillum* Horatii magistrum (5), *Atteium Philologum*, *Cur-
tium Niciam*, *Verrium Flaccum*, in historicis iam lau-
datum (6), et *C. Iulium Hyginum*, Augusti libertum,
natione Hispanum vel Alexandrinum, qui praefuit
Palatinae bibliothecae, et Ovidio familiarissimus
fuit.

ineptus videtur; et, qui eruditorum mos est, ἀρχαϊσμούς studiosius
consectatur. Quapropter dum multiplici eruditione se commendat,
ad styli elegantiam parum confert Varronianum hoc opus.

(1) IV, 9; XIX, 14.

(2) QUINTILIANUS memorat praesertim Messallae librum de S lit-
tera in libro I, 5, 23, de inst. orat. — Cf. I, 5, 15, 35.

(3) Interciderunt duo Ciceronis ad Marcum filium epistolarum
libri, quorum paucula solum fragmenta a grammaticis afferuntur.
Iuvat vero in hanc rem adire epistolam ad Tironem (ad famil. XVI,
17), in qua Tullius cum hoc de usu vocis *fideliter* expostulat.

(4) De illustr. grammaticis.

(5) HORAT., Epist. II, 1, 69.

(6) Cap. IX, § 5.

LIBER TERTIUS.

AB EXCESSU AUGUSTI AD HADRIANUM.

Ab anno urb. cond. DCCLXVII (a Christo nato XIV) ad annum urb. cond. DCCCLXI (post Christ. nat. CXVII).

CAPUT I.

QUARE LATINAE LITTERAE POST AUGUSTUM A PRISTINA ELEGANTIA DEFECERINT.

Si spatium praeteriti temporis respicias , iam illud in promtu est, ingenuas litteras, ut reliqua mortalium, ab exiguis profectas initiis, primo crescere, et paullatim ad summium perduci; mox senescendo deflorere atque ita corrumpi, ut pene ad interitum redigantur. Quod quidem luculenter testatur Romanarum litterarum historia, quae rudiores usque ad bellum Punicum secundum, postea sensim ita expoliri coeptae sunt, ut aevo Augusteo summum perfectionis fastigium attingerent. Exinde a pristina elegantia et nitore tantum recessere, ut senectutem quandam habere viderentur.

Sed ab Augusti excessu ad principatum Hadriani non omni penitus lepore et venustate caruit latinitas. Hac enim labente aetate ii imperatores identidem exstiterunt, sub quibus litterae vitam quasi recipere viderentur; cuiusmodi fuerunt, exempli causa, Vespasianus, Nerva et Traianus. Quare hoc temporis spatium, quod centum ferme et tribus annis continetur, *argentea* latini sermonis aetas vulgo appellatur.

Iam vero in causas inquirenti, ob quas post Augustum tanta in Romanis litteris commutatio facta sit, tres potissimum occurrent: infusa videlicet in urbem peregrinitas, herilis Caesarum dominatus, Romanorum luxuries et secordia.

Profecto nihil magis quam recepti in urbem peregrini patrium sermonem inficere et barbarie infuscare consueverunt. Hoc autem Romanis mox eventurum iam portendebat divina illa Tullii mens in Bruto (1), quum quereretur, quod in urbem Romam multi inquinate loquentes ex diversis locis confluxissent. Iamque cives hortabatur, ut sermonem expurgarent, et rationem, tamquam obrussam adhiberent; quae mutari non potest, nec pravissima uterentur consuetudinis regula. Quin etiam cum intimo et familiarissimo suo (2) iocatus testabatur, neminem iam reliquum esse praeter illum, in quo posset imaginem antiquae et vernaculae festivitatis agnoscere, postquam a Caesare

(1) Cap. LXXIV.
(2) V. epist. ad Paetum (ad famil. IX, 15).

braccatis et transalpinis nationibus civitas data fuisset, et peregrini in senatum allecti [1]. Quid vero si Galliam universam a Galba [2], Hispaniam a Vespasiano iure Latii donatam vidisset? Ad haec coloniae in provincias deductae, legationes, leges, edicta praetorum, aliaque id genus fecerunt, ut devictae gentes paullatim victorum sermoni adsuescerent. Hinc barbarica nomina, uti fit, passim conficta, hinc externae locutiones Romanam urbanitatem sic vitiarunt, ut gliscente in dies peregrinitate, latinus sermo alium colorem ducere, atque a nativo candore desciscere videretur.

Utinam vero ab externis tantum hominibus Romanarum litterarum vitia fluxissent! at domestico etiam fonte redundarunt. Postquam videlicet bellatum ad Actium, et omnis potestas ad unum fuit collata, sub imperatorio dominatu veritas, quae cuiuslibet scriptionis prima virtus est, pluribus modis fuit infracta. Tunc enimvero metu dominantium, quibus aliena virtus esset formidolosa, putidius artificium in scribendo quaesitum, ut paullo liberiores sententiae quodam quasi velo obtenderentur; tunc eloquentia a civili turba et foro ad umbratiles exercitationes traducta, fucatum quemdam nitorem et minimas inventiunculas quaesivit, quae effeminatam scribentis levitatem testantur; tunc libidine adsentandi monstrosa quaedam vocabula invecta; tunc demum omne studiorum genus

---

(1) Sveton., Iul. cap. LXXVI, LXXIX. — Cf. Gibbon, Hist. c. III.
(2) Tacit., Histor. I, 8.

paullo liberius et erectius, periċulosum servitus fecit [1].

Quamvis autem immanis Caesarum saevities maximam litteris perniciem attulerit; multo maius tamen in liberaliores disciplinas ex eo damnum manavit, quod libido et luxuria nullo coërcente invaluissent. Apte in hanc rem auctor dialogi *De caussis corruptae eloquentiae* [2]. Quis enim, ait, quis ignorat, et eloquentiam et caeteras artes descivisse a vetere gloria, non quod praeclara ingenia sequiori aevo defecerint, sed desidia iuventutis, et negligentia parentum, et inscientia praecipientium, et oblivione moris antiqui? Quae quidem mala primum in urbe nata, mox per universam Italiam fusa, nemo fortasse luculentius expressit, quam Marcus Seneca [3]. « Torpent ecce ingenia desidiosae iuventutis, nec in ullius honestae rei labore vigilatur. Somnus languorque, ac somno et languore turpior malarum rerum industria invasit animos. Cantandi saltandique nunc obscena studia effeminatos tenent: et capillum frangere, et ad muliebres blanditias vocem extenuare, mollitie corporis certare cum feminis, et immundissimis se excolere munditiis, nostrorum adolescentium specimen est... Expugnatores alienae pudicitiae, negligentes suae ». Num quis igitur fortasse mirabitur quid caussae

---

(1) Plin., Epist. ul, 5, 5. — Cf. Tacit., Annal. xv, 60 et seqq. — Sveton., Domitian. x. — A. Gell., xv, 11 sub fin.

(2) Cap. xxviiI.

(3) Controvers., lib. I in praefat.

sit, quod in tam depravata civitate, in tam dissolutis moribus corruptum orationis genus provenerit, quod aut verborum licentia exsultaret, aut puerilibus sententiolis lasciviret, aut immodico tumore turgesceret, aut inanibus locis baccharetur, aut casuris, si leviter excuterentur, flosculis niteret, aut praecipitia pro sublimibus haberet [1]? Nimirum ait Lucius Seneca [2]: talis semper hominibus fuit oratio qualis vita: genus dicendi publicos mores imitatur.

Caeterum etsi illa dictionum castitas in huius aevi scriptoribus desideratur, quae in iis elucet, qui circa aetatem Augusteam floruerunt; multa tamen in iisdem occurrunt probanda atque etiam admiranda; multa acute et commode dicta; multa demum, quae grandibus imaginibus atque altitudine sententiarum sic illustrantur, ut quacumque aetate magno cum fructu ab iis legerentur, qui diu et multum iam essent in aureis scriptoribus versati. Ad hoc vitia ipsa, quibus interdum laborant, non sine quadam voluptate notantur, quod in iis senescentis imperii vestigia veluti agnoscimus, et quod nobis suppeditant ubi iudicium utrinque exerceamus.

(1) Quintil., xii, 10, 73.
(2) Epist. ad Lucil. cxiv.

CAPUT II.

DE POESI DRAMATICA.

Tragoediae, quae vulgo Senecae nomine feruntur.

Latinas litteras in universum aestimanti mirum profecto videbitur, Romanam gentem, apud quam magna scriptorum ingenia provenerunt, in tragoedia maxime claudicare. Quamvis enim triginta ferme tragici Latini enumerentur [1], praecipuis vero laudibus a Quintiliano ferantur L. Varii *Thyestes* et Ovidii *Medea*; longe tamen Romani infra Graecorum laudem in tragoedia substitisse dicendi sunt. Cuius quidem rei caussa non tam ex gentis ingenio, quam ex institutis et moribus potissimum est repetenda. Quum enim principes civitatis viros Romani in scenam traducere legibus prohiberentur, ac propterea fabularum nodos et argumenta graeco fonte derivarent, frustra in rerum externarum tractatione tragicos illos spiritus requiras, quos fatales patriae casus, aut infanda Pelopidarum flagitia Graecis suppeditarent.

Tragicae Latinorum fabulae superioris aetatis, si pauca excipias fragmenta, perierunt. Sed ecce nobis decem tragoediae [2], quae Senecae nomini

(1) Horum fragmenta quae exstant collegit Scriverius in *Nomenclatore tragicorum latinorum*. Lugduni Batav., 1621, vol. II, in-8°.

(2) Hercules furens - Thyestes - Thebais, sive Phoenissae - Hippolytus - Oedipus - Troades - Medea - Agamemnon - Hercules Oetaeus - Octavia.

addicuntur. Diu multumque disputatum est, M.
Annaeo Senecae, rhetori [1], an Lucio filio, qui
philosophi cognomento donatur [2], an M. Annaeo
Lucano [3], an alii cuipiam sint tribuendae. Quamvis autem in tam diversis tamque discrepantibus
doctorum hominum opinionibus nihil omnino certi
iam possit constitui; illorum tamen sententiam maxime probari video, qui, notata styli dissimilitu-
dine, arbitrantur, non unum. eundemque harum
tragoediarum auctorem fuisse, sed a diversis argenteae aetatis scriptoribus elucubratas, atque in
unum corpus a librariis congestas, vulgo Senecae
nomine innotuisse [4].

Senecanas tragoedias, Octavia excepta, ex So-
phocleis atque Euripideis ductas, perperam Iulius
Caesar Scaliger ultra graecarum vim atque elegantiam extollere conatur [5]. Namque praeter-
quamquod fabulae partes parum apte inter se
cohaerent; inflatum ac tumidum dicendi genus,
crebrioribus sententiis et descriptionibus lasciviens;
tum concitati semper affectus, vel quum mitiori-
bus opus esset, fucatum illum nitorem pariunt,
qui ex rhetorum officinis existere consuevit, quem-

---

(1) De Seneca rhetore vide cap. vnI, § 1.

(2) De Seneca philosopho vide cap. ix.

(3) M. Annaeus Lucanus fuit fratris filius Lucii Senecae philosophi,
ille ipse, qui *Pharsaliam* cecinit, de quo vide cap. nI, § 1.

(4) SIDON. APOLLIN., Carm. ix, v. 231. — VOSSIUS, Inst. poët.,
lib. iI, cap. 12, § 11; de poëtis lat., cap. nI; de histor. lat., lib. I,
cap. xxx.

(5) Poëtic., lib. vI.

que effingendis moribus absurdum, intelligentis iudicii homines fastidiose reiiciunt. Quod tamen ita nolim intelligi, quasi negem, quidpiam in hisce tragoediis posse laudari. Siquidem brevia dicta et aculeata, incitata diverbia, imaginum granditas atque altitudo sententiarum, legentium animos percellunt, et vim quandam atque admirabilitatem huiusmodi scriptionibus conciliant.

Reliquos argenteae aetatis tragicos memorat Scriverius (1). Prae caeteris autem clari fuisse videntur Tiberio imperatore *M. Aemilius Scaurus* (2) et *Pomponius Secundus*, quem Quintilianus (3) omnium tragicorum, quos vidisset, longe principem dixit; Vespasiani vero aetate *Curiatius ille Maternus*, cui in dialogo de caussis corruptae eloquentiae colloquentis partes sunt datae.

(1) Nomenclat. tragic. latin., vol. II, in-8°. — Cf. Heinsii dissertationem de tragoediae auctoribus. Lugduni Batav., 1611, in-8°.

(2) Hic tragoediam scripsit, cui nomen *Atreus*. Voss., De poët. lat., cap. II.

(3) De inst. orat., lib. X, 1, 98. — Cf. VIII, 3, 31. — PLINII epist. VII, 17. — TACIT., Annal. XII, 28. — Dialog. de caussis corr. eloq., cap. XIII.

CAPUT III.

DE POESI EPICA.

§ 1

M. Annaeus Lucanus.

M. Annaeus Lucanus Cordubae natus in Hispania
anno urb. cond. DCCXC, patrem habuit M. Annaeum
Melam, L. Senecae philosophi fratrem. A teneris
unguiculis Romam translatus, clarissimos praecepto-
res nactus est Remium Palaemonem et Cornutum
philosophum. Quum autem prima ingenii experi-
menta in Neronis laudibus dedisset, initio adole-
scentiae, patruo suffragante, quaesturam et auguratum obtinuit. Neque tamen in gratia imperatoris diu permansit. Namque in quinquennali cer-
tamine, in quo Nero ipse recitaverat, maximo
plausu a cavea exceptus, Caesaris iram in se con-
citavit, qui vel inter poëtas principem sibi locum
ambitiosius vindicabat. Exinde Lucanus iuvenili
ardore aestuans, quod carminum suorum famam
a principe premi videret, neque verbis neque
factis adversus eum temperavit, donec in Piso-
nianam coniurationem nomen daret [1]. Qua detecta, iussus venas incidere, obiit anno aetatis
septimo et vicesimo.

(1) TACIT., Annal. XV, 49.

Inter Lucani opera enumerantur *Saturnalia*, *Syl-varum* libri x, *Satyricae fabulae*, *Epistolae*, aliaque nonnulla [1], quae temporis iniuria interciderunt. Exstant vero *Pharsaliae* libri x de bello civili inter Caesarem et Pompeium gesto. In hoc carmine Hispanus poëta, potiusquam ex Horatiano praecepto lectorem in medias res raperet [2], historicos secutus, ab initio rerum exorditur, et narrationem ad finem usque perducit. Quare merito dictus est a poëtica ratione recessisse [3]. Culpantur etiam in Lucano frequentes a proposito declinationes, turgidum scribendi genus, acumina declamatoria, et inepta rerum minimarum amplificatio. Laudantur e contrario acutae quaedam clarissimaeque sententiae [4], graphicae atque elegantes pugnarum, urbium et locorum descriptiones, dictio satis pura, magna ingenii vis, postremo animus ardens et concitatus, qualis iuvenem decuit, qui saevum ac potentissimum principem proscindere non dubitavit.

§ 2.

C. Silius Italicus.

C. Silius Italicus, romanus, ut plerique arbitrantur, ab ineunte aetate bonarum artium studiosus ad

---

(1) De scriptis Lucani deperditis consule NIC. ANTONII Bibl. vet. Hispan., lib. I, pag. 42 et seqq.

(2) HORAT., Epist. ad Pison., v. 148 et seqq.

(3) QUINTIL., X, 1, 91. — Cf. PETRON., Satyric. CXVIII. — SERVIUS ad libr. Aeneid. I.

(4) QUINTIL. loc. cit.

Tullii praesertim et Virgilii imitationem se contulit. Postea insignis caussarum patronus, per
omnes honorum gradus ad consulatum ascendit,
quo anno Nero decessit. Proconsul Asiam provinciam rexit; et novissime, ita suadentibus annis,
in Campaniam secedens, ibi vitam inedia finivit
annos natus quinque et septuaginta.

In Campaniae secessu, aetate iam gravis scripsit
carmine heroico *De bello Punico secundo* libros vII,
in quibus historicum magis egit quam poëtam.
Exigua in Silio est inveniendi facultas; nec divino
illo spiritu afflatur, sine quo nemo poëta bonus
unquam fuit (1). Et multa quidem a Livio, Virgilio
aliisque mutuatus, vermiculatum quoddam opus
concinnavit, in quo superiorum vestigia facile
agnoscas. Quapropter verissime Plinius (2) maiore
eum cura quam ingenio carmina scripsisse testatus
est. Laudatur tamen quod quae ingenio defuerunt,
industria pensavit. Complura enim sunt in hoc
poëmate, quibus illustratur historia; egregiae morum notationes, aptae descriptiones, postremo
verborum et sententiarum lumina, quae magnum
poëticae orationi ornatum afferre consueverunt.

---

(1) PLATO, De legib., III. — Cf. TULL., De orat., II, 46.
(2) Lib. III, epist. 7.

§ 3.

C. Valerius Flaccus.

De Caio Valerio Flacco [1] pauca omnino litteris sunt prodita. Aiunt, Patavii natum floruisse sub Vespasiano; ibidem procul a publicis negotiis in re angusta vitam egisse, litterarum studiis unice intentam, et tandem integra aetate obiisse, imperante Domitiano, anno post Christum natum octavo et nonagesimo.

Scripsit *Argonauticon* libros viiI, quorum postremus mutilus ad nos pervenit [2]. In hoc poëmate vestigiis ingressus Apollonii Rhodii [3], argonautarum expeditionem sic persequitur, ut complures fabulas, quas poëta Alexandrinus tantummodo delibavit, noster fusius narret ac lautius exornet. Ad dicendi genus quod attinet, Virgilium secutus, ad illius vim et elegantiam proxime accessit. Quare etsi in *Argonauticis* non omnia nitent, et praesertim insolentes interdum locutiones quandam quasi noctem rebus offundunt; plerique tamen Valerio Flacco primas in epico carmine post Virgilium

---

(1) Valerius hic Flaccus cognomento *Setinus Balbus* dictus est, propterea quod ex nonnullorum sententia natus esset *Setiae* in Campaniae urbe, unde adolescentulus Patavium venit.

(2) Sunt qui putent, poëtam morte praeventum, octavum librum absolvere non potuisse. V. SCALIG., Poët. lib. VI.

(3) Exstant hodieque Apollonii Rhodii Ἀργοναυτικά, in libros IV distincta. — Ex Latinis ante Flaccum *Argonautica* scripserat Varro, quae temporis iniuria perierunt.

deferunt. Quintilianus (1) autem multum in eius morte Romanas litteras amisisse planissime confirmavit.

§ 4.

P. Papinius Statius.

P. Papinius Statius Neapoli ortus, patris disciplina usus est, viri optimarum artium studiis cum paucis eruditi. Deinde Romam profectus, quum ingenio maxime valeret, atque elegantes ex tempore versus funderet, Domitiani, cui maxime adulabatur, sibi gratiam conciliavit. Verum haud ita multo post aulae et luxuriae romanae pertaesus, in patriam rediit, ibique diem obiit supremum anno post Christum natum sexto et nonagesimo.

Papinii Statii leguntur hodieque :

1° *Thebaidos* libri xiI, in quibus bellum cecinit, quod Argivi ad Thebas gesserunt.

2° *Achilleidos* libri iI (2) de rebus ab Achille gestis ante bellum Troianum.

3° *Silvarum* libri v, in quos diversi argumenti carmina congessit (3), diverso etiam metro conscripta.

In hisce operibus generatim luxurians poëtae

---

(1) De inst. orat., 3, 1, 90.

(2) Ex communi criticorum sententia complures huiusce poëmatis libri desiderantur.

(3) Vide Statii epistolam, libro silvarum quarto praepositam.

ingenium, et tumorem quemdam carpunt critici; multa etiam audacius quam par sit dicta. Quibus tamen vitiis egregiae virtutes comitantur. Noster enim, quum magni spiritus esset poëta, et pleraque grandiori ore pronuntiaret, maiestatem quandam carminibus suis conciliavit. Caeterum a plerisque Statii *Silvae* potissimum laudantur. Quum enim in *Thebaide* et *Achilleide* ad cyclicos poëtas [1], atque ad Virgilium respiciens, cum propositis sibi exemplaribus de praestantia contenderet, in sui calumniam incidit [2]. Quo factum est, ut nimis elaborata, non sine molestia sectari videretur. E contrario in *Silvis*, quas, calorem et impetum secutus, ex tempore scriberet, omnino suus et magis nativus apparuit.

Poëtarum heroicorum argenteae aetatis agmen claudit *P. Statius*. Namque *Saleii Bassi*, quem Vespasiani aetas tulit egregium epicum poëtam [3], nunc carmina penitus desiderantur [4]. Quod idem

---

(1) Poëtae κυκλικοί a Graecis fuerunt appellati qui post Homerum vetustissimos mythos omnes carminibus suis complecterentur usque ad exitum belli Troiani (Casaub. in Athen., lib. vii, cap. 3). Ex his autem Statius Antimachum praesertim est secutus, qui *Thebaidem* etiam condiderat, a Plutarcho (V. vitam Timoleont.) et Quintiliano (x, 1, 53) laudatam.

(2) Quanta cura *Thebaidos* praesertim libros concinnaverit Statius, facile colligas ex carmine quinto libri tertii *Silvarum*, quod ad Claudiam uxorem scripsit.

(3) Dialog. de caussis corr. eloq., cap. v, ix. — Cf. QUINTIL., x, 1, 90.

(4) Nonnulli, inter quos Wernsdorfius (in poëtis Lat. min. tom. iv, pag. 43 et seqq.), Saleio Basso tribuunt carmen ad Pisonem, quod adhuc exstat.

dicendum de *Rabirio* ac *Pedone Albinovano*, quos non indignos cognitione appellat Quintilianus (1).

CAPUT IV.

DE SATYRA.

§ 1

Aulus Persius Flaccus.

Ad satyram scribendam duo praesertim post Horatium animum adiunxerunt, Aulus Persius Flaccus, et Decimus Iunius Iuvenalis. Et *Persius* quidem equestri genere natus Volaterris in Hetruria, anno urb. cond. DCCLXXXVI, adolescentulus Romam venit; ibique Remium Palaemonem, Virginium Flaccum, postremo Annaeum Cornutum philosophum audivit, a quo austera Stoicorum placita libens arripuit. Egregiam corporis formam et verecundiam virginalem, quam erat a natura sortitus, summa vitae innocentia et sanctissimis moribus cumulavit. Quumque vix tricesimum ae-

(I) QUINTIL. loo. cit. — Rabirii etiam meminerunt OVIDIUS, Pont. IV, 16, 5. — SENECA, De benef., VI, 3. — VOSSIUS autem (De hist. Lat., I, 21) arbitratur, Rabirium bellum Actiacum descripsisse inter Octavianum Augustum et M. Antonium triumvirum. — Cf. VERNS-DORF. op. cit., tom. III, pag. 19 et seq. — Pedoni Albinovano Theseida tribuunt, quae et ipsa intercidit. V. VOSS., De poët. Lat., cap. III.

tatis annum esset ingressus, vitio stomachi decessit, relictis *satyris sex* (1), quibus acerrime aetatis suae vitia insectatur. Nimirum quum esset noster ab adolescentia totus ad severitatem compositus, et gravissima Stoicorum disciplina innutritus, in satyris suis rarius indulsit salibus, ac generosa quadam bili exardescens, perditos hominum mores acerbius perstrinxit. Et, qui iuvenum mos esse solet, ita se pugnacem in scribendo ac vehementem praestitit, ut vel Neronem ipsum peteret, qui rerum omnium summam obtinebat.

Persii stilus grandis est, audacioribus translationibus frequens, concisus, durior interdum atque obscurus. Quae quidem obscuritas non tam metui Neronianae dominationis tribuenda, uti falso nonnulli existimarunt, quam scribentis ingenio, et reconditae abstrusaeque eruditioni.

§ 2.

Decimus Iunius Iuvenalis.

Decimus Iunius Iuvenalis Aquini ortus in oppido Volscorum, adolescentia in bonis artibus transacta, ad mediam ferme aetatem declamavit, et serius omnino ad satyras scribendas se contulit. Memoriae proditum est, Iuvenalem iam octogenarium, ob exagitatum in satyra septima Paridem panto-

---

(1) Harum satyrarum argumenta babes, lector, in versu insequenti: *Vates, vota, ignavus, princeps, liber, avarus.*

mimum, Hadriano unice dilectum, per speciem honoris urbe fuisse summotum, atque ad praefecturam cohortis missum in extremos Aegypti fines, ibi taedio vitam finiisse. Verum hanc opinionem, quae diutius eruditissimis hominibus arrisit, memoria nostra firmis argumentis Franckius [1] explosit. Quare hoc unum certo constat, Iuvenalem sub Domitiano et Traiano imperatoribus vixisse; et conscriptis *satyris sexdecim* [2], exacta aetate occidisse.

Quum in corruptissima civitate viveret Iuvenalis, Horatii urbanitate et facetiis ablegatis, rigidi censoris personam sustinet in satyris, atque in vitia aetatis suae indignabundus invehitur. Qua in re etsi ad Persii rationem accedere videtur, hoc tamen discriminis inter Volaterranum et Aquinatem poëtam intercedit, quod ille tamquam homo de schola, telis ex Stoicorum doctrina potissimum depromtis, acrius et pugnacius instat; hic diuturno rerum usu pleniorem humanae naturae cognitionem nactus, vel quum declamatorio quodam more insurgit, illo utitur argumentationis genere, quod ad uniuscuiusque captum magis est accommodatum.

Iuvenalis stilus purus est, ornatus, vehementibus figuris et tropis abundans longius petitis; saepe

---

(1) Vide in hanc rem FRANCKII opera, quae inscribuntur: *Examen criticum D. Iunii Iuvenalis vitae.* Lipsiae, 1820, in-8°. — *De vita D. Iunii Iuvenalis quaestio altera.* Dorp., 1827, in-fol.

(2) Ultima ex hisce satyris utrum genuina sit an supposita dubitant critici.

etiam luxurians et tumidus. Ipsius ioci eruditi, ingeniosi, at studiosius interdum quaesiti. Versus numerosi, verborum collocatio suavis, iuncturae molles (1).

§ 3.

Titus Petronius Arbiter.

A Persio et Iuvenale recedens, Varronianae satyrae (2) non dissimilem scripsit *Petronius Arbiter* Massiliensis, equestri genere natus. Hic «proconsul primum Bithyniae, et mox consul vigentem se ac parem negotiis ostendit. Dein revolutus ad vitia, inter paucos familiarium Neroni adsumptus est elegantiae arbiter (3)». Tandem vero quum invidia Tigellini, principis gratia excidisset, sectis venis vitam finivit.

Exstat Petronii *Satyricon liber*, poëtica et prosa oratione conscriptus; sed mutilus et detruncatus;

(1) In plerisque Persii et Iuvenalis editionibus legitur satyra *Sulpiciae* matronae Romanae, qua in Domitiani tempora invehitur. Nobile huiusce mulieris ingenium fidemque in maritum laudat Martialis lib. xII, 35, 38.

(2) Varronianae satyrae specimen habes etiam in L. Annaei Senecae scriptiuncula mordacissima, quae inscribitur ἀποκολοκύντωσις, sive ludus in morte imperatoris Claudii.

(3) TACIT., Annal., xvI, 18 et seqq. — Sunt qui putent, Petronium satyricum eundem non esse, de quo hic disserit Tacitus, eiusque aetatem ad principatum Gallieni vel Antoninorum reiiciant. Sed CAT. IANNELLIUS in dissert. uI ad Perott. cod. ms. Neap., et GASPAR ORELLIUS in collect. inscript., n° 1175, rem expediunt, et aptis argumentis confirmant, Petronium hunc nostrum poëtam sub Claudio et Nerone floruisse.

in quo sui temporis probra, et Neronis praesertim
flagitia sub nominibus exoletorum feminarumque
notavit. Et nisi castiores aures rerum obscenitate
offenderentur, nihil fortasse venustius esset hac
Petronii opella, in qua aptis omnino coloribus,
multoque acumine hominum mores et ingenia depinguntur, eaque dictionis elegantia nitet, quam
in reliquis argenteae aetatis scriptoribus frustra
requiras.

Caeterum si quem fortasse iuvet tres praecipuos
satyrarum scriptores, qui apud Romanos floruerunt, uno aut altero verbo sic depingere, ut apte
inter se discriminentur, haud absurdum erit dicere, Horatium *ridere*, Persium *conviciari*, Iuvenalem *declamare*. Priorem *aulicum* virum appellaveris,
alterum *scholasticum*, tertium *forensem* [1].

CAPUT V.

DE FABULA AESOPICA.

Phaedrus.

Ad satyricos poëtas accedit *Phaedrus*, qui fabularum involucris improborum vitia ridet, atque
unumquemque sui admonet officii. Hic natione

[1] Horum trium virtutes bisce versiculis inter se contulit Capellius:
Acrior est Aulus, florentior est Iuvenalis,
Plus Venusina sapit seria musa iocis.

Thrax, quo anno, quibus parentibus sit ortus, et quo demum casu in Italiam venerit, non constat. Hoc unum litteris proditum est, adolescentulum in Romanorum servitutem redactum, mox ab Augusto fuisse manumissum; et Tiberio imperante, Seiano invisum maximam aliquam calamitatem pertulisse.

Exstant Phaedri *fabularum libri* v, Eutycho, Particuloni et Phileto amicis inscripti; in quibus Aesopum secutus, complura morum et civilis prudentiae documenta passim inspersit. Hoc nimirum fieri videmus, ut qua tempestate hominibus fraudi esset, quae animo sentiant libero ore proferre, ad illa scriptionum genera se convertant, in quibus affectus proprios quibusdam quasi velis obtendant. Itaque noster ex graeco fonte illas praesertim fabulas derivavit, quibus per ambages Seiani facinora et saevum Tiberii dominatum carperet. Quas quidem stylo tenui sed eleganti, facili et puro sic adornavit, ut Terentii nitorem et gratam simplicitatem unus omnium retulerit. Equidem miror, has Phaedri virtutes tam parvi ab aequalibus habitas fuisse, ut nemo ex veteribus, praeter Martialem et Avienum, illius fabulas memoraret; Seneca [1] vero Aesopeos logos intentatum adhuc romanis ingeniis opus diceret. Sed posteri meritam Threicio poëtae laudem non inviderunt. Quum enim primum, exeunte saeculo post Christum na-

---

[1] Consolat. ad Polyb., xxvii.

tum sextodecimo, Phaedri fabulae a Petro Pithoeo
fuerunt vulgatae Luteliae Parisiorum, ingeniosi et
intelligentes viri summam in eo styli facilitatem
et puritatem laudarunt; magnopere gavisi, quod
politissimus linguae latinae auctor post diuturnam
oblivionem quasi revivisceret.

CAPUT VI.

DE EPIGRAMMATE.

Marcus Valerius Martialis.

Non minus quam fabulae Aesopeae satyram re-
dolent epigrammata, in quibus excelluit *M. Valerius
Martialis*, Bilbili natus in Celtiberia. Hic quum
tertium ferme et vicesimum aetatis annum agens
Romam venisset Nerone imperante, seque mox
ad epigrammata scribenda contulisset, urbanitate
sua omnium bonorum studia sibi facile conciliavit.
Quin et apud Domitianum ipsum gratiam iniit,
a quo equestri dignitate, tribunatu honorario et
iure trium liberorum auctus fuit. Pauper tamen
aetate provecta in patriam rediit [1]; ibique pro-
vincialis solitudinis et municipalis invidiae pertaesus [2] decessit.

***

(1) PLIN., Epist. III, 21.
(2) V. Martialis praefat., lib. XVII epigramm.

Scripsit *epigrammatum* libros xiv, qui etiamnunc supersunt. His praemittitur libellus *de spectaculis*; in quo complura leguntur, quae a Martialis ingenio videntur abhorrere. Huius epigrammata hominem produnt ingeniosum, acutum, quique plurimum in scribendo et salis haberet et fellis, nec candoris minus (1). Summa etiam dictionis elegantia, et numerosis versibus commendantur; ut non immerito post Catullum Martialis epigrammatum scriptorum princeps feratur. Si cui vero libeat utriusque epigrammata inter se conferre, verissime dixerit, Catullum urbano quodam lepore, Martialem acumine, in clausulis praesertim praestare. Caeterum scurrilia multa et obscena, quae apud hispanum poëtam occurrunt, temporibus potius, quàm scribentis ingenio tribuenda (2).

CAPUT VII.

DE HISTORIA.

Quemadmodum poësis, sic historia quoque temporum vices perpessa, a pristinis virtutibus paullatim deflexit. Inter praecipuas vero senescentis historiae caussas memorat Tacitus (3) *inscitiam reipublicae ut alienae*; quum ad eam sub unius domi-

---

(1) PLIN. loc. cit.
(2) V. Mart. epigramm. xiI, 43.
(3) Histor. I, 1.

natu nemini iam accedere liceret; tum *libidinem adsentandi*, qua generosi spiritus viri a scribendo deterrerentur; postremo *odium adversus dominantes*, quo fiebat ut Caesares dum viverent falso laudati, postquam occiderant, sine modo modestiaque vituperarentur. Ad haec quis tam infensis virtuti temporibus veritatem investigare, eamque in lucem proferre ausus esset, quum omne crimen etiam paucorum simpliciumque verborum pro capitali esset acceptum [1]? quum accusaretur Cremutius Cordus, quod editis annalibus, laudatoque M. Bruto, C. Cassium *Romanorum ultimum* dixisset [2]? quum saevus princeps [3] T. Livii historiam ex omnibus bibliothecis amoveri iuberet? quum Titi Labieni et Cassii Severi scripta senatusconsultis abolerentur [4]?

Nec praetermittenda quae habet idem Tacitus in libro annalium quarto [5], ubi queritur quod in arcto sibi et inglorius esset labor, quum multo minus illustria sibi ad narrandum occurrerent, quam quae a vetustioribus historicis essent relata. Quippe apud illos ingentia bella, expugnationes urbium, fusi captique reges, discordiae consulum adversus tribunos, plebis et optimatium certamina

---

(1) Sveton., Tiber., lxi.
(2) Id. loo. cit. — Tacit., Annal. iv, 34, 35. — Senec., Consolat. ad Marciam, xxii.
(3) Sveton., Calig. xvi.
(4) Id., Calig. xxxiv.
(5) Cap. 33 et seq.

legentium animos magis tenebant, quam in annalibus suis saeva principum iussa, continuae accusationes, fallaces amicitiae, pernicies innocentium,
aliaque id genus, quae perpetua rerum similitudine
satietatem afferre consueverunt.

§ I

L. Annaeus Florus.

Sequioribus Romanae historiae scriptoribus ad-
numeratur *L. Annaeus Florus*; quamquam de aetate
ad quam potissimum pertineat a multis ambigi video, quorum alii Augusti, alii Traiani, pars etiam
Hadriani aequalem ferunt [1]. Hic Romanam historiam ab urbe condita ad imperatorem Augustum
quatuor libris [2] ita complexus est, ut res gestas
a principe terrarum populo in brevi quasi tabella
conspicias [3]. De germano eius nomine quum varie
admodum disputatum sit a Iusto Lipsio, a Pon-
tano, Vossio, Dukero, Fabricio aliisque [4], nihil
attinet dicere. Domo autem hispanum fuisse, et

---

(1) V. FLORUM in prologo circa fin. — SAXII Onomast., I, p. 291
et 587. — FR. NIC. TITZ., De epit. rerum Roman., quae sub nomine
L. Annaei, sive Flori, sive Senecae fertur, aetate probabilissima
etc. Lipsiae, 1804, in-8°.

(2) L. Ann. Flori Epitome rerum romanarum.

(3) Falluntur siqui putant, Florum in historia sua Livii epitomen
concinnare voluisse. Crebro enim a Livio recedit. Nec facile dixerim
idemne an alius sit, qui singulorum fere Livii librorum argumenta
conscripsit, quae adhuc exstant.

(4) VOSS., De histor. Lat., I, 30. — TITZ., op. cit.

fortasse ex Senecarum gente, fere inter omnes convenit. Et sane hispanum arguunt inflatum dicendi genus, et acumina illa, quibus identidem narrationem suam sic inspersit, ut Graevius, vir eruditissimus, affirmare non dubitaverit, Florum in historico opere, poëtico aestu abreptum quandoque delirasse. Quae quamquam acerbius scripta videntur, non tamen sine causa. Illud enim verissime dictum est, romanas litteras ab Hispanis primum scriptoribus fuisse vitiatas. Inter quos Martialis praesertim, Seneca, Lucanus et Florus hic noster sunt recensendi. Quapropter mihi recte de Floro iudicare videntur, qui aiunt, scripsisse illum diserta quidem et arguta dictione, sed quae interdum poëtae, interdum declamatori convenientior sit quam historico; ita solemne ei sententias acumine claudere, et splendoris magis quam veritatis rationem habere.

Ad interiores autem Floriani operis partes quod spectat, nonnulla etiam a criticis passim reprehenduntur; praesertim vero quod noster temporum et locorum notationem negligentius est persecutus, neque facta dictis exaequavit. Namque nimius interdum in Romanorum virtute extollenda, hostium gloriam et res gestas satis amplas et magnificas obscurat. Quae tamen vitia magnis sunt emendata virtutibus. Quum enim complura eleganter, composite atque ingeniose in hac epitome sint conscripta; tum prudentissimus historicus dicendus est noster, quum seditionum aut immutatae reipublicae caussas aperit. Praeterea vir plane singularis cuilibet videbitur consideranti quam sollerter minutissima quaeque aspernatus, eaque tantum notando, quae memoria potissimum digna viderentur, ieiunitatem pariter atque obscuritatem effugerit in opere tam compendioso, quod ad septingentos et amplius annos pertinet.

§ 2.

Caius Velleius Paterculus.

C. Velleius Paterculus Aeclani natus in Hirpinis [1] anno urbis conditae dccxxxv, fuit tum paterno, tum materno genere clarus [2]. Qui postquam ad altiores militiae gradus provectus, stipendia fecisset in Thracia, in Macedonia et Germania [3] Tiberio imperante, quaestoris et praetoris munere functus est. Tandem vero ob Seiani amicitiam in suspicionem coniurationis vocatus, quinquagesimo ferme aetatis anno morte poenas dedit.

Exaravit *Historiae Romanae* libros iI, quorum pars interiit, maximeque libri primi initium [4], et finis secundi. Liber prior res gestas multarum gentium

(1) V. Guarin., *Ricerche di Eclano*, pag. 77, 93.
(2) Vell. Paterc., iI, 16.
(3) Id., iI, 101, 104.
(4) Libri primi initium, quale nunc exstat, nobis exhibet Pyliorum exercitum, qui redux ab excidio Troiano, quum disiectis tempestate navibus, Nestorem ducem amisisset, Metapontum condidit in sinu Tarentino.

breviter perstringit, quae ante Romam conditam floruerunt; posterior historiam Romanam in priore inchoatam, ab urbis exordio prosequitur usque ad Liviae, Tiberii matris, excessum.

Laudatur Velleius, quod res Romanas vel ab ultima antiquitate repetens, brevi et aperta narratione complexus sit; et praecipue quod hominum mores et ingenia sollerter adeo depinxerit. Qua in re non minoris est habitus quam Sallustius, ad cuius imitationem se totum composuerat. Eius dictio elegans est, suavis et plane romana; stylus tamen floridior, qui oratoriam potius quam historicam saepe referat rationem. Ad haec festivae acutaeque sententiae studiosius frequentatae. Sed hoc potissimum Velleius reprehenditur, quod in posteriore operis parte se ad humilem Tiberii et Seiani adulationem demiserit. Si enim ei vera scribere non licebat, falsa certe non debuerat.

§ 3.

Valerius Maximus.

Quemadmodum adulandi studio, sic aetate par Velleio Paterculo fuit Valerius Maximus, qui postquam in Asia cum Sexto Pompeio militasset [1], Romae privatus vixit, ubi erat patricio genere natus. Extremis Tiberii temporibus post Seianum

(1) VALER. MAX., Dictor. factor. memor. II, 6; IV, 7.

exstinctum libros ix evulgavit *dictorum factorumque memorabilium*, quibus Romanorum atque exterarum gentium res continentur, notatu maxime dignae. Haec autem dicta factaque ex variis scriptoribus decerpta, in certa quaedam genera sic digessit noster, ut omnis exempli documenta lectoribus suppeditaret. Culpandus tamen quod ineptus interdum verborum et sententiarum auceps, a nativa narrantis simplicitate discedit; animadversiones et praecepta ad satietatem usque oggerit, et domui Augustae foedissime adsentatur. Huc accedit dicendi ratio discolor, tumida, declamatoria, quaeque a Tiberii aetate longissime absit.

§ 4.

Caius Cornelius Tacitus.

Omnium historicorum, qui post Augustum floruerunt, longe princeps habetur *C. Cornelius Tacitus*, eques Romanus, quem alii extremis Tiberii Claudii temporibus, alii vero initio imperii Neroniani ortum ferunt. Postquam in castrensi et forensi opera adolescentiam consumsisset, ad magistratus capessendos se contulit. Ipse autem testatur [1], dignitatem suam a Vespasiano inchoatam, a Tito auctam, a Domitiano longius provectam, ut tandem Traiano imperante consulatum obtineret. Quo anno

---

[1] Histor., I, 1.

decesserit non liquet; communis tamen doctorum opinio fert, eum usque ad Hadrianum vixisse.

Thucydidem potissimum ex Graecis, Sallustium ex Latinis sibi Tacitus imitandum proposuit. Praecipua vero eius opera sunt *Historiae* et *Annales*. Historiarum libros v primo digessit ab excessu Neronis ad obitum Domitiani; ex quibus quatuor libri priores tantummodo exstant, et dimidia pars quinti. Postea annalium libros xviiI, qui temporis spatium complectuntur, quod inter Augusti et Neronis mortem intercessit. At desiderantur ex his libri septem; quintus videlicet, septimus, octavus, nonus, decimus et duo postremi [1]. Praeterea scripsit libellum *de situ, moribus et populis Germaniae*, et vitam *Cn. Iulii Agricolae* [2].

In hisce operibus Tacitus effigiem animi sui graphice expressit. Quum videlicet acerrimo ingenio valeret, ac vehementissimo odio ferretur in tyrannos, qui ea tempestate imperium Romanum labefactabant, vividis adeo coloribus saevas imperantium artes depinxit, atque in vitia aetatis suae aspere invectus est. Hinc acerbitas illa, quae in Tacito dominatur; hinc altitudo sententiarum,

[1] De caussa, ob quam Tacitus partem operis sui *annalium*, partem vero *historiarum* nomine donaverit, multi multa scripserunt. Nobis probabilior videtur hac de re A. GELLII (v. 18) sententia testantis, *annales* appellari earum rerum narrationem, quas scriptor non vidit; *historiam* vero narrationem illarum, quibus scriptor ipse interfuit. Et revera historia dicta est a graeco verbo ιστορεω, quod est *visendo noscere, inspicere*.

[2] Inter Taciti opera quae interciderunt, enumerandae sunt complures orationes, quae a Plinio iuniore passim laudantur.

hinc crebrae reprehensiones et querimoniae, quibus bilem suam quodammodo effundit, quaeque tragicum pene dixerim colorem illius operibus inducunt; hinc demum genus illud dicendi nervosum, pressum, argutum, sententiosum, quo fortis magnique animi lectores potissimum tenentur.

Tacitum utpote gravissimum scriptorem, et civilis prudentiae praeclarum in primis, merito laudant viri elegantiores. Nemo enim altius imperii arcana et principum consilia perspexit ; nemo aptius, quum de eventu diceret, caussas omnes explicuit vel casus, vel sapientiae, vel temeritatis. Hoc unum in historico nostro reprehendunt, quod eius dictio aureae aetatis castitatem non plane referat, et plusquam Sallustiana brevitas, cui potissimum indulget, obscuritate interdum laboret.

§ 5.

Caius Svetonius Tranquillus.

Tacitum sequitur *C. Svetonius Tranquillus*, non modo quod suppar aetate ei fuerit, sed quod in eodem ferme argumento versatus, pari etiam libertate opera sua digesserit. Natus circa initium imperii Vespasiani [1], inter grammaticos primum inclaruit, et caussas etiam in foro actitavit. Mox, Plinio suffragante, tribunatum impetravit [2], atque

(1) SVETON., Nero, LVII sub fin.

(2) PLIN., Epist. III, 8.

ab Hadriano epistolarum magister fuit creatus. Haec ferme sunt quae de Svetonii vita veteres memoriae prodiderunt.

Complura scripsit, quae tempus nobis invidit [1]; hodieque supersunt: 1° *Vitae duodecim Caesarum*; 2° liber *de illustribus grammaticis*; 3° liber mutilus *de claris oratoribus*; 4° demum quorundam poëtarum vitae. Tria haec posteriora Svetonii opera parvi momenti admodum sunt. E contrario summis laudibus efferuntur vitae duodecim Caesarum. Namque nullius adsentator, eorum vitia et virtutes ingenue narravit, diligentissime notando quae ad cuiusque mores et ingenium declarandum maxime pertinerent. Hinc fit, ut quae Tacitus utpote ab instituto aliena, de industriá omisit, in Svetonio praesertim reperiantur; apud quem domestica praesertim arcana iuvat intueri, qua tempestate senescens iam respublica privatis et muliebribus persaepe consiliis regebatur [2]. Quamquam vero non eodem sermonis nitore, quo Caesar et Sallustius, Tranquillus praestat; eius tamen dictio simplex est, aperta, pro temporis ratione satis pura, et brevitatis studiosis potissimum probatur.

(1) In his enumerantur: 1° De Graecorum lusibus liber singularis; 2° De Romanorum certaminibus et spectaculis libri II; 3° De anno Romano lib. I; 4° De signis, quae reperiuntur in libris, lib. I; 5° De republica Ciceronis adversus Didymum lib. I; 6° De vestium genere atque nominibus; 7° De ominosis verbis, et unde quaeque fuerint appellata; 8° De Roma eiusque institutis et moribus; 9° Historiae Caesarum a Iulio usque ad Domitianum libri VIII; 10° Stemma et series illustrium Romanorum.

(2) BOUCHERON. in praefat. Sveton., edit. Taurin., MDCCCXXIII.

§ 6.

Quintus Curtius Rufus.

De *Q. Curtii* aetate disputantes viri eruditissimi, in diversas omnino abierunt sententias [1]. Nec defuere qui hunc scriptorem antiquitati invidentes, crederent, ipsius historiam a viro quodam italo post renatas litteras fuisse concinnatam [2]. Quum autem in tanta opinionum discrepantia nihil certi hac de re possit afferri; probabilior tamen illorum sententia videtur, qui arbitrantur, historicum hunc nostrum Claudio aut Vespasiano imperatoribus vixisse [3].

Exaravit *de rebus Alexandri Magni* libros x [4], in quibus non tam historici, quam oratoris partes egit; ut Milesiam potius fabulam, quam germanam historiam condidisse videatur. Quod quidem testantur inanes excursus, creberrimae descriptiones, declamatoriae conciones et nimium studium in Alexandri virtutibus extollendis; postremo stylus floridus, ornatus, crebris acutisque sententiis distinctus, et nimiis interdum translationibus vitiosus.

---

(1) V. Moller., Dissertatio de Curtio. Norimb., 1726. — Morhof., Polyhist. litter., iv, cap. 12, n° 4; praesertim vero G. F. Bagnolo, *Della gente Curzia e dell'età di Q. Cursio.* Bologna, 1741, in-8°.

(2) Guid. Patinus, Epist. xxvii.

(3) Iustus Lipsius, Brissonius, Ian. Rutgersius (lectiones variae), Vossius, aliique complures.

(4) Libri duo priores et pars quaedam decimi temporis iniuria perierunt.

§ 7.

Iulius Obsequens.

Incertae etiam aetatis scriptor vulgo habetur *Iulius Obsequens*; cuius tamen castae et sincerae locutiones, aevum Augusteum redolentes, suadent ne longius a Traiani temporibus removeatur. Exstant reliquiae ipsius libelli *De prodigiis* [1], hoc nomine praesertim laudandae, quod certas quasdam exhibent verborum formulas averruncandis prodigiis procurandisque religionibus, ex augurali disciplina et vetustissimis pontificum libris desumtas.

Historicis, quos hactenus memoravimus, adiungendi sunt *Aufidius Bassus* [2] et *Servilius Nonianus* [3], qui Vespasiano imperante claruerunt, et imperator ipse *Traianus*, qui historiam condidit expeditionis adversus Dacos susceptae [4]. Sed horum opera nobis tempus invidit. Caeterum ex iis, quae passim dicta sunt de historicis, quorum monumenta adhuc supersunt, iam illud pronum est colligere, historiam post Augustum, praeterquam a Tacito et Svetonio, « apparatiore stylo et oratorie magis quam vere tractari coeptam fuisse. Quum enim

---

(1) In hoc fragmento ea prodigia narrantur, quae ab anno urbis conditae DLXIII ad Augustum evenerunt.

(2) Quintil., x, 1, 103. — Plin., Epist. III, 5, 6. — Dialogus de causs. corr. eloq., xxx.

(3) Quintil., x, 1, 102. — Tacit., Annal., xiv, 19. — Plin., Epist. 1, 13, 3. — Dialog. de causs corr. eloq. loc. cit.

(4) Huius historiae fragmentum vide apud Priscian.

huiusce aetatis historici superiorum facundiam ne-
quirent exaequare, alteram illam vitiosam et asia-
ticam scribendi rationem sic tenuerunt, ut in ficto
argumento ingenium periclitari, non res narrare
viderentur [1] ».

CAPUT VIII.

DE ELOQUENTIA.

Statim post M. Tullii Ciceronis aetatem adeo
immutata eloquentiae facies erat, ut pristinam elegantiam et quasi sanitatem iam perdidisse videretur. Cuius quidem rei caussas plerique memorant communicatam cum victis gentibus civitatem, periculosissima virtuti tempora, exstinctam
libertatem et immanium tyrannorum dominatum,
sub quibus nulla iam orationis dignitas esse posset. « Unde tamen perspicitur cur eloquentia una
cum reliquis bonis artibus paullatim Romae in-
terierit, non vero cur eam formam acceperit,
quam subinde habuit, quaeque adeo a perversa
eiusdem tradendae ratione mihi videtur repetenda.
Nimirum a foro et populari iactatione ad umbratiles exercitationes traducta, omnes omnino spiritus amisit. Ut autem apud Graecos, immutata
iam Athenarum civitate, iidem sophistae, qui in

---

(1) BOUCHERON. in praefat. ad Quintil. declamat, edit. Taurin.,
an. MDCCCXXV.

expoliendo sermone Isocrati praeiverant, ad artis subtilitates se contulerunt, sic Romae in illa fori vastitate, siqui dicendi studium profiterentur, non antiquos iam aemulari, sed in eorum scriptis commentandis omnem industriam ponere coeperunt. Hinc illud rhetorum genus profluxit, in quibus studium et acumen videas, naturam desideres, extenuata veluti corpora, quae iuveniles artus velint imitari [1]. Praeterea quae postrema essent in arte, prima haberi coepta sunt, et oratores neglecta omni utilitate, aurium voluptati unice studebant. Id vero quantum eloquentiae offecerit, haud multis opus est demonstrare. Quum enim duae admodum partes oratoris sint, et vincendi et delectandi, nemo non videt, principem illam et pugnaciorem tanti esse, ut si desit, ne eloquentia quidem possit intelligi. Quare praestantissimorum eloquentia a declamatoribus foede fuit corrupta, sive quod a rebus civilibus remoti in fictis argumentis consenescerent, sive quod delectandi causa per florida poëtarum loca licentius excurrerent. Ac vix dici potest quam multos falsa duarum artium similitudo deceperit. Quid autem magis distat, quam poëta ab oratore? Quum ille admirabilitatem faciat, hic fidem; ille vel alienam personam imitando, ab ipso scribendi artificio laudem quaerat; hic optimus habeatur, si id penitus dissimulaverit. Unde iam patet, quod in altero virtus sit, id alteri vitio esse

---

[1] V. Dialog. de causs corr. eloq., xxxv.

tribuendum, praecipue si nescio quid depictum et procul quaesitum nimiam orationis curam prodiderit.

At illius aetatis´ oratores nihil iam pensi habentes, floridum stylum usurpabant, ubi pro arbitrio lascivirent. Quod praesertim recitationibus acceptum est referendum, quibus rhetores circumstantium plausus ambitiose captarent. Ut enim eloquentiae moderatrix auditorum sapientia est; sic ubi haec desit, ad ineptias illam delabi necesse est, ac splendida vitia pro virtutibus laudari. Sed nemo melius recitationum fastum expressit, quam Petronius Arbiter in ipso operis [1] initio. Ibi quum multa festive descripta leguntur, tum vero placet hominis indignatio, qui, auditis rhetoribus, negat fieri posse, ut talibus magistris eloquentia reviviscat; in quorum scholis ne imbellis quidem dictionis vitia emendarentur, et poëticus furor et copia mirum in modum cum sententiarum vanitate pugnarent ».

§ 1.

Marcus Annaeus Seneca.

Haec eloquentiae vitia, quae egregium magistrum meum secutus [2] hactenus commemoravi, in declamationibus occurrunt M. Annaei Senecae,

(1) Satyricon.
(2) BOUCHERON. in cit. praefat. ad Quintil. declamat.

qui agnomine *rhetor* seu *declamator* fuit appellatus. Hic equestri genere natus Cordubae in Hispania, Rómam venit Augusto imperante, ibique dicendi artem professus est. Tres liberos ex Helvia coniuge suscepit, *Lucium Annaeum Senecam*, agnomine philosophum, *Annaeum Senecam Novatum*, cui postea ex adoptione *Iulius Gallio* nomen fuit, postremo *Annaeum Melam*, Lucani poëtae parentem. Ut liberorum desiderio satisfaceret noster, exacta iam aetate decem *controversiarum*, sive *causarum iudicialium* libros evulgavit, ex graecis et latinis rhetoribus depromtas. Ex his libri quinque tantum exstant latini, admodum mutili et corrupti, primus videlicet, secundus, septimus, nonus et decimus. Ad *Controversias* accedit liber unus *Suasoriarum*, quae licet a Seneca post *Controversias* editae fuerint, vulgo tamen illis solent praemitti. Quae quidem controversiae et suasoriae, domesticae exercitationis causa, ab iis disceptari solebant, qui in rhetorum scholis eloquentiae operam dabant, et communi nomine *declamationes* appellabantur. Quum autem huiusmodi declamationes in ficto argumento plerumque versarentur,· iisque inanis rerum tumor, et vanissimus sententiarum strepitus inesset, fiebat omnino, ut adolescentes ex illis rhetorum officinis digressi, quum in forum venirent, in alium se terrarum orbem delatos putarent. Nihil enim in iis scholis ex his quae in usu habemus aut audiebant aut videbant.

Caeterum ex hisce declamationibus abunde qui-

dem patet hispani rhetoris acumen et ingenium.
Altiores ibi sententiae, vividaeque imagines passim occurrunt. Stylus est concisus, argutus, gravis,
translationibus creber; eo tamen fuco illitus, qui
poëticum maxime colorem referens, a nativo orationis candore discedit.

§ 2.

Marcus Fabius Quintilianus.

Venimus ad rhetorem, multo omnium celeberrimum, qui argenteam aetatem illustrarunt. *Marcus
Fabius Quintilianus* is est, Calaguri natus in Hispania
citeriore, anno christiano secundo. et quadragesimo. Post Neronis mortem puer a Galba Romam
perductus, vix dum adolevit, in foro primum maxima cum laude est versatus. Deinde rhetorem professus, dicendi artem publice docuit, et primus
ex latinis et graecis rhetoribus fuit, cui stipendium
ex fisco persolveretur [1]. Quo in munere obeundo
se ita navum atque industrium egit, ut clarum
nomen, opes, Romanam civitatem, postremo consu-
laria ornamenta consequeretur. Tandem postquam

---

(1) Titus Flavius Vespasianus ex publico aerario latinis graecis-
que rhetoribus annua centena sestertia primus constituit (SVETON.
Vespas., XVIII). Centena sestertia idem ferme valebant atque apud
nos *8,000 franchi.* Ex quo iam patet quanto melius cum romanis
olim rhetoribus actum fuerit, quam cum nostris, quorum labores,
si praemia spectentur iisdem proposita, multo minoris (pudet dicere!), quam humillimi cuiusque artificis aestimantur.

operam suam per viginti annos erudiendis publice iuvenibus impendisset, quietem nactus (1) libros duodecim conscripsit *de institutione oratoria*. Quamquam vero perfecto vix tertio libro (2) Domitianus Augustus sororis suae nepotum curam ei delegavit, nihilo tamen segnius opus suum peregit, quod etiam nunc legimus.

Plerique rhetores, qui artem orandi litteris tradiderunt, contemnentes tanquam parva, quae prius discimus studia, ita sunt exorsi, quasi perfectis omni alio genere doctrinae summam tantummodo eloquentiae manum imponerent. E contrario Quintilianus in libris suis *de institutione oratoria* ad minora illa studia, quae si negligas non sit maioribus locus, demittere se non recusavit; neque aliter quam si ei tradatur educandus orator, eum ab infantia coepit instituere. A vulgari autem via recedens, non inanes tantum ac nudulas praeceptiones rhetoricas huc contulit; sed vir doctus in primis, ingeniosus, et diuturna usus experientia, hominem illum vere eivilem formare aggreditur, et publicarum privatarumque rerum administrationi accommodatum, qui regere consiliis urbes, fundare legibus, emendare iudiciis possit.

Neque solum Quintilianeae institutiones futuri olim oratoris alere facundiam possunt; at elegans

(1) Quemadmodum Romani milites post viginti stipendia, ita doctores post viginti annos missionem honestam impetrabant. V. IUSTINIAN. cod., XII, 15.

(2) V. prooemium, lib. IV, de instit. orat.

quisque liberalium studiorum spectator, plurima hinc hauriet, quibus ei liceat de graecis et latinis litteris verissime iudicare. Dumque sinceram romani sermonis simplicitatem probabit, acerrimum quoque rhetoris iudicium et sapientiam mirabitur, qui in alumnis suis non eximiam solum doctrinam, sed omnes etiam animi virtutes exigere non dubitavit.

Sunt qui Fabio *declamationes* quasdam affingant, quarum undeviginti *maiores*, aliae vero centum quinque et quadraginta *minores* appellantur. Ex his autem etsi aliae aliis nitidiores elegantioresque visae sunt; criticorum tamen doctissimi eiusmodi non esse arbitrantur, ut nobilissimo huic rhetori, cuius nomen praeferunt, possint attribui.

Hic haud abs re erit dialogum memorare *de caussis corruptae eloquentiae*, quem alii Tacito, alii Plinio iuniori, pars vero Quintiliano, licet nullo probabili argumento, adscribendum putant. Sed quicumque demum huiusce dialogi auctor sit, disertum sane et sanioris iudicii virum dicere non dubitaverim, et cum optimae notae scriptoribus conferendum. Namque in caussas sagaciter inquirit, ob quas eo temporis intervallo, quod ab Augusto ad Flavium Vespasianum effluxerat, a pristina dignitate et nitore suo eloquentia recessisset, veteres oratores cum recentioribus perbelle comparat, artisque oratoriae rationem acutissime expendit.

§ 3.

Ç. Plinius Caecilius Secundus.

Inter Quintiliani discipulos omnium maxime e-
nituit *C. Plinius Caecilius Secundus*, ortus Novi Comi
ad Larium lacum, quum Nero septem iam annos
rerum potiretur. Plinius hic, *iunior* dictus, ut di-
stinguatur a Plinio *maiore* avunculo suo, a quo
fuit adoptatus, satis mature acre ingenium litteris
dedit, et Tullii vestigiis ingressus, ad eloquentiae
gloriam contendit. Adolescens in Syria militavit;
mox in foro coepit dicere, et per omnem aetatem
caussas egit tum apud centumviros, tum in senatu nobilissimas. Quum autem maxima apud Tra-
ianum gratia valeret, per omnes honorum gradus
ad consulatum et auguratum ascendit, et tandem
Bithyniae proconsulari potestate fuit praefectus.

Ex Plinii orationibus solus exstat *panegyricus* Traiano dictus quum consul fuisset designatus. At
optimo litterarum fato aetatem tulerunt *Epistolarum*
libri decem, in quibus plurima leguntur, quae
cum eximiam Plinii naturam testantur, tum vero
maxime pertinent ad historiam illius aetatis de-
clarandam. Tam in panegyrico, quam in epistolis
Pliniani ingenii praestantia, et iuvenilis quaedam
ubertas laudatur. Delectat scribendi genus argutum, floridum, limatum, expolitum. At cuiusdam
lasciviae flosculi, poëticus decor et acumina quaedam sententiarum passim occurrunt, quae sene-

scentem illam aetatem produnt, qua plus artis et curae, quam inaffectati candoris scriptoribus inesset.

Praeter hosce tres, quos modo memoravimus, fuerunt alii multi diserti, quibus illa tempestate forum illustraretur. Et Quintilianus [1] quidem *Domitium Afrum* laudat et *Iulium Africanum*, eorum quos viderat longe praestantissimos oratores, *Trachalum* praeterea sublimem · et satis apertum, et *Iulium Secundum* cui, si longior contigisset aetas, clarissimum nomen oratoris apud posteros fuisset. Nec praetermittendi *Crispus Vibius* *Vercellensis* et *Eprius Marcellus*, quos auctor dialogi de oratoribus [2] potentissimos civitatis et principes fori dicere non dubitavit.

CAPUT IX.

DE PHILOSOPHIA.

Sub imperatorio dominatu plerique sapientiam professi, non virtute ac studiis ut haberentur philosophi laborabant, sed vultum et tristitiam et dissentientem a caeteris habitum pessimis moribus praetendebant [3]. Et Seneca [4] quidem aspe-

---

(1) De inst. orat., x, 1, 118.
(2) Cap. vIII.
(3) QUINTIL., op. cit., I, 1. — Cf. TACIT., Annal., xvi, 32.
(4) Epist. ad Lucil., v, 1.

rum illorum cultum memorat, et intonsum caput, et negligentiorem barbam, et indictum argento odium, et cubile humi positum, et quidquid aliud ambitionem perversa via sequitur. Ex quo iam illud patet, huiusmodi homines, non proficere, sed conspici cupientes, philosophiam non ad sectatorum utilitatem, sed ad vanam ostentationem retulisse. Itaque graecorum sophistarum more, non vivere, sed disputare docebant, non altiorem illam rerum humanarum et divinarum scientiam, sed inanem quandam philosophiae speciem sectati, in vanas de verbis disceptationes abibant, ut quae *philosophia* fuerat, iam facta esset *philologia* (1):

Huc accedit, quod illius aetatis ingenia gravibus philosophiae studiis repugnarent; nemo enim fere ad illa se conferebat, nisi quum ludi intercalarentur, aut aliquis pluvius intervenisset dies, quem perdere liceret (2). Si qui vero assidue philosophos audirent, his philosophi schola diversorium otii erat. Huc conveniebant non ut discerent, non ut aliquam vitae legem acciperent, ad quam mores suos exigerent, sed ut oblectamento aurium perfruerentur (3).

. Hinc factum est, ut philosophia iaceret, quam Tullius paullo superiore memoria a Graecis ad Romanos transtulerat; ut Academici, Peripatetici, aliaeque philosophorum familiae sine successore

(1) Epist. ad Lucil., cviii, 24.
(2) Senec., Natural. quaest., vii, 32.
(3) Id., Epist. cviii, 6.

deficerent [1], una Stoicorum excepta, cui *Attalus* [2],
Fabianus Papirius [3], *Cassius Iulius* [4], *Rubellius Plautus*,
Thrasea Paetus, *Barca Soranus* [5], *Musonius* [6] aliique
nomen dederunt, virtutis atque honestatis studiosi.
Si cui vero mirum forte videatur, quod Romani
ab illa philosophandi ratione recesserint, quam
Tullius invexerat, atque in tam corruptis moribus Stoicorum doctrinam potissimum sequerentur,
quae beatitatem in sola virtute constituit; is profecto mirari desinet, si in temporum conditionem
paullisper inquirat.

Nimirum scripsit Tullius extremis reipublicae
temporibus, quibus etiamsi Romanorum libertas
iam multum fuisset imminuta; ea tamen erat rerum Romanarum felicitas, ut cives libere, quod
cuique liberet, possent sentire. Hinc illa Ciceronis libertas in philosophorum placitis eligendis,
quae maxime probaret; hinc ridens ille et poëticus
pene dixerim color, qui a Platonis ingenio profectus, Tullianam philosophiam exornat. E contrario sub herili Caesarum imperio, quum principis
voluntas esset pro legibus, iam non palam loqui,
sed ne cogitare quidem pro arbitratu licebat. Innumeri exploratores et delatores, magna mercede

(1) Senec., Natural. quaest. loc. cit.

(2) Seneca rhetor, Suasor. II. — Seneca philosophus, Natural.
quaest., II, 90; Epist. ad Lucil., LXVII, CVIII.

(3) Senec., Epist., LVIII, c. — De brevit. vitae x.

(4) Id., De tranquill. anim., XIV.

(5) Tacit., Annal., XIV, 57; XVI, 22.

(6) Id., Annal., XV, 71.

conducti, omnium civium facta dictaque diligentissime scrutabantur; continuae accusationes, pernicies innocentium, et quotidiana bonorum virorum supplicia omnium animos territabant. In illa temporum difficultate nullum aliud perfugium Romanis reliquum fuit, nisi in Stoicorum philosophia, quae ipsos adversus tot calamitates firmaret, et illorum animis callum, quasi dixerim, obduceret. Tam adversis temporibus de morte potius, quam de vita bene beateque instituenda cogitandum fuit. Hinc vero subtristis ille color, qui philosophica illius aetatis opera passim infuscat; hinc mortales gravissimam Stoicorum sapientiam amplexari, qui id praesertim nituntur, ut extra omnem teli iactum surgant, ut supra fortunam emineant, ut nihil demum ipsis iam sit, quod timeant, quod sperent, quod doleant, quod laetentur.

Lucius Annaeus Seneca.

Quam modo adumbravimus stoicae doctrinae imaginem, hanc potissimum in operibus suis expressit L. Annaeus Seneca, Cordubae natus in Hispania, patre M. Annaeo Seneca rhetore, de quo supra commemoravi. Adolescentulus Romam deductus, tanta tamque varia eruditione acerrimum ingenium excoluit, ut aequales omnes longe sapientia antecederet. Sub imperatore Claudio in exilium actus fuit, quasi unus ex moechis Iuliae,

Germanici filiae; iurene an iniuria incertum. Post annos ferme octo, adnitente Agrippina, Neronis matre, ab exilio revocatus, praeturam et fortasse etiam consulatum gessit; quumque Neronis studiis regendis delectus fuisset, fama litterarum, ingenti divitiarum copia et potentia in primis inclaruit. Tandem accusatus tamquam popularis Pisonianae coniurationis, ideoque a Nerone ad mortem adactus, sibi venas incidi iussit, anno aetatis suae tertio ferme et sexagesimo.

De Senecae natura et moribus historici admodum dissident inter se. Hoc tamen inter omnes constat, philosophum nostrum ab eximia illa virtute abfuisse, quam in operibus suis graphice depinxit.

Exstant 1° illius libri iiI *De ira. ad Novatum.* 2° *Consolatio ad Helviam matrem*, quum iussu imperatoris Claudii in Corsicam insulam fuisset relegatus. 3° *Consolatio ad Polybium* Claudii libertum ob fratris mortem se se afflictantem. 4° *Consolatio ad Marciam* in luctu Metilii filii. 5° *De providentia* ad Lucilium. 6° *De animi tranquillitate* ad Annaeum Serenum. 7° *De constantia sapientis* ad eundem Serenum. 8° *De clementia* libri iiI ad Neronem, ex quibus primus tantum superest, et pars secundi. 9° *De brevitate vitae* ad Paulinum, fratrem Paulinae uxoris suae. 10° *De vita beata* ad Gallionem fratrem. 11° *De otio aut secessu sapientis.* 12° *De beneficiis* libri viI ad Aebutium Liberalem. 13° *Epistolae* cxxiv ad Lucilium, Siciliae procuratorem, quae in argumentis philosophicis versantur. 14° *Naturalium quaestionum*

libri vii. 15° Demum ἀποχολοχύντωσις, sive ludus
in morte imperatoris Claudii (1).

In hisce operibus, uti supra innuebam, Stoicorum doctrinam praesertim séquitur noster; et
plurima apud eum leguntur modestiae, gravitatis,
iustitiae, continentiae, aliarumque virtutum praecepta, quae a christianae sapientiae fontibus penitus manasse videntur. Ad illius autem scribendi
rationem quod attinet, me optimum facturum exi-
stimavi, si probatissimum hac· de re Quintiliani (2)
iudicium in medium proferrem. « Ex industria, ait
ille, Senecam in omni genere eloquentiae distuli
propter vulgatam falso de me opinionem, quia
damnare eum, et invisum quoque habere sum
creditus. Quod accidit mihi, dum corruptum et
omnibus vitiis fractum dicendi genus revocare ad
severiora studia contendo. Tum autem solus hic
fere in manibus adolescentium fuit. Quem non
equidem omnino conabar excutere, sed potioribus
praeferri non sinebam, quos ille non destiterat
incessere, quum diversi sibi conscius generis, pla-
cere se in dicendo posse, quibus illi placerent,
diffideret. Amabant autem eum magis quam imi-
tabantur; tantumque ab eo defluebant, quantum
ille ab antiquis descenderat. Foret enim optandum,
pares, aut saltem proximos illi viro fieri. Sed pla-
cebat propter sola vitia, et ad ea se quisque di-

(1) Hanc opellam, qua Seneca in Claudium, exsilii sui auctorem,
invehitur, iam memoravimus in cap. iv de satyra, § 3, in notis.
(2) De inst. orat., x, 1, 125 et seqq.

rigebat effingenda, quae poterat: deinde quum se
iactaret eodem modo dicere, Senecam infamabat.
Cuius et multae alioqui et magnae virtutes fuerunt: ingenium facile et copiosum, plurimum stu-
dii, multa rerum cognitio: in qua tamen aliquando
ab his, quibus inquirenda quaedam mandabat,
deceptus est. Tractavit etiam omnem fere studiorum materiam. Nam et orationes eius, et poëmata,
et epistolae, et dialogi feruntur [1]. Multae in eo
claraeque sententiae; multa etiam morum gratia
legenda; sed in eloquendo corrupta pleraque, atque
eo perniciosissima, quod abundat dulcibus vitiis.
Velles eum suo ingenio dixisse, alieno iudicio ».

Quae autem dulcia appellat Quintilianus Senecae
vitia, haec ferme sunt: curiosa antitheta, audaciores translationes et sententiae, sine modo scriptionibus suis intextae, insolitae dictiones, verborum acumina, argutiae et minutissima orationis
membra, nullo saepe vinculo inter se connexa [2].

Quae quidem diligenter a studiosis politiorum
litterarum velim animadverti. In nonnullis enim
aetatis nostrae scriptoribus, qui tamen a Senecae
ingenio et doctrina longissime absunt, idem prope
dominatur argutiarum studium, eadem translatio-
num intemperantia, idem iudicii defectus, quo fit
ut frigidis salibus, atque acutis sententiis gaudeant
magis quam veris.

---

(1) Ex his Senecae operibus orationes et dialogi nunc desiderantur.

(2) Sveton. Calig. lul. — A. Gell. xiI, 2.

CAPUT X.

DE SCRIPTORIBUS RERUM NATURALIUM
ET MATHEMATICARUM.

§ ·1·

Scribonius Largus Designatianus.

Medicinam excoluit Tiberii et Claudii temporibus *Scribonius Largus* cognomento *Designatianus.*
Huius exstat libellus *De compositione medicamentorum*,
tam humili et plebeio stylo exaratus, ut plerique
arbitrentur, vitio librariorum foede corruptum ad
nos pervenisse. Nec desunt qui ita existiment ,
hanc opellam graece a Scribonio conscriptam ,
sequiore aetate in latinum sermonem· fuisse conversam.

§ 2.

Caius Plinius. Secundus.

Ob multiplicem doctrinae varietatem potissimum
laudatur *Caius Plinius Secundus*, qui· Veronae ortus
Tiberio imperatore, vitae exitum invenit Miseni
ob cupiditatem propius conspiciendi Vesuvii mon-
tis, flammas evomentis, quum annum aetatis ageret
sextum et quinquagesimum (1).

___

(1) PLIN. , Epist. ·VI, 16.

13

Hic quum eximio esset ingenio, incredibili studio et summa vigilantia , postquam sub Claudio in Germania militasset, maximis muneribus cum laude perfunctus est. At licet gravissimis officiis distentus complura volumina absolvit, quae a Plinio iuniore memorantur (1); ex quibus tantummodo exstant *Historiae mundi libri* xxxviI; opus diffusum , eruditum, in quo infinitam illam rerum varietatem, admirabili nexu devinctam collegit, quam bis mille et amplius scriptores graeci aut latini carptim ac disperse tractaverant. Criticum sane acumen, recentiorum proprium, in Plinio desideratur. Sed quisnam exquisitissimum in naturali historia iudicium in Romanis requirat, qui plurimis ad eam rem praesidiis carerent? Caeterum siqua reprehensoribus carpenda noster reliquit; ea certe enituit styli virtute, ut nihil sit evidentius, nihil expressius. Idque mirum fortasse videbitur, scriptorem, qui tam diversa lectione omnem pene elocutionis colorem debuisset amittere, adeo suum in universo opere se praebuisse, ut idem et varius ubique appareat (2).

(1) PLIN., Epist. III, 5. — Plinii Maioris opera deperdita , quae in hac epistola memorantur , sunt : *De iaculatione equestri* lib. I. — *De vita Pomponii Secundi* lib. II. — *Bellorum Germaniae* lib. XX. — *Studiosi* lib. III. — *Dubii sermonis* lib. VIII. — *Historiarum a fine Aufidii Bassi* XXXI.

(2) V. BOUCHERON. in praefat. ad C. Plinium Secundum. Edit. Taurin. , MDCCCXXIX.

§ 3.

Pomponius Mela.

Quemadmodum Plinius maior in universae naturae historia elaboravit ;. sic *Pomponius Mela*, natione hispanus, geographica tantummodo tractare est aggressus. Scripsit *de situ orbis* libros nI, quos Claudio imperatore constat edidisse [1]. Quamvis autem noster in re admodum difficili versaretur, utpotequi primus Latinorum fuit, qui terrarum situm exponeret, multa tamen diligentia multoque iudicio usus, pleraque vero e Graecis decerpens, ea in medium attulit, ex quibus liceat haurire quaenam olim fuerit orbis facies et divisio, qui mortales initio terras habuerint, quibus moribus, qua lege, quove imperio regerentur. Quae omnia sic narravit, ut perspicuae brevitatis, et purae nec sordidae dictionis laudem sibi conciliaret.

§ 4.

Lucius Iunius Moderatus Columella.

De vita *Columellae* nihil aliud ferme constat, nisi Gadibus natum, Tiberio et Claudio imperatoribus Romam commigrasse. Praeter librum singularem *de arboribus*, exstant Columellae *de re rustica libri* xiI,

---

[1] V. POMPON. MELAE lib. nI, cap. 6.

prosa oratione conscripti, si decimum excipias, quem *de cultu hortorum*, rogatu Publii Sylvini, carmine heroico exaravit, ut, quemadmodum testatur in praefatione, poëticis numeris expleret Georgici carminis partes a Virgilio omissas. In his autem libris non minus se agricolationis peritum, quam nitidum, castum atque elegantem scriptorem se prodit.

§ 5.

Sextus Iulius Frontinus.

Maximis honoribus honestatus Romae floruit *Sextus Iulius Frontinus* [1] Nerva et Traiano imperatoribus. Et sub Nerva quidem creatus curator aquarum, scripsit *de aquaeductibus urbis Romae Commentarium*, qui adhuc legitur, dictione satis castigata et latina. At non iisdem styli virtutibus laudantur *libri* IV *strategematicon*, in quibus callidum quodque consilium, et sollers inventum exposuit, quo Graeci, Romani, aliique clarissimi duces in bello uti consueverunt.

_____

(I) Alius ab hoc est *Iulius Frontinus*, scriptor de re agraria, et tempore posterior.

CAPUT XI.

DE IURISPRUDENTIA.

Duae illae iurisconsultorum familiae maxime inter se diversae, quarum altera Augusto imperante *C. Ateium Capitonem*, altera *M. Antistium Labeonem* sectaretur, latius etiam insequenti tempore patuerunt. Quum enim Tiberii aetate inter Capitonis discipulos *Masurius Sabinus*, *Sempronius* autem *Proculus* inter Labeonis auditores potissimum florerent; qui prioris doctrinam probarent *Sabiniani*, qui posterioris, *Proculiani* fuerunt appellati. Verum ex utraque familia pauci admodum fuere, quorum nomina non obscurarit oblivio. Hi autem fere memorantur *M. Cocceius Nerva*, *C. Cassius Longinus*, a quo Sabiniani *Cassianorum* etiam nomen habuerunt; *M. Cocceius Nerva*, superioris filius, pater Nervae imperatoris, *C. Aminius Rebius*, et *Domitius Afer* a Tacito laudati (1); postremo *Caelius Sabinus*, et *P. Iuventius Celsus* (2).

---

(1) Annal., xiii, 30; xiv, 19.
(2) De his, aliisque nonnullis V. BACHIUM, l. iii, c. 1, s. 6, § 12 et seqq.

CAPUT XII.

DE GRAMMATICA.

Quorsum tandem evasisset sequiore hac aetate grammaticorum disciplina, docet Seneca [1], quum queritur, Graecorum. illum morbum supervacanea discendi in Romanos quoque irrepsisse. Nimirum plerique grammaticorum non, ut antea, in poëtis atque historiis enarrandis, neque in iis animadvertendis adlaborabant, quae barbara, quae impropria, quae contra legem loquendi essent posita; sed partes suas obliti, ad aliena se transferebant, atque inanes quaestiunculas exagitantes [2], in otiosa rerum futilium disquisitione consenescebant. Non defuere tamen nonnulli, qui in rebus grammaticis diligenter et cum laude versarentur. In his memorandus in primis *Asconius Pedianus*, patria Patavinus, qui Romae floruit Nerone imperatore, et perspicua brevique dictione in Ciceronis orationes commentarios scripsit, quibus Tulliani loci obscuriores, et illius aevi historia commode illustrantur. Dolendum sane huiusmodi commentarios mutilos ad nos pervenisse, atque alienis superinductis fortasse commaculatos.

(1) De brevitate vitae, xii, 2, 3.

(2) Huiusmodi erant, ex. gr.: quem numerum remigum Ulysses habuisset; prior scripta esset Ilias an Odyssea; an eiusdem essent auctoris; utrum libidinosior Anacreon, an ebriosior vixerit; quaenam vera Aeneae mater, aliaque id genus, quae si proferas, non doctior videberis, sed molestior.

LIBER QUARTUS.

AB HADRIANO AD URBEM AB ODOACRE EXPUGNATAM.

————————

Ab anno urb. cond. DCCCLXX (a Christo nato CXVII)
ad annum urb. cond. MCCXXIX (post Christum natum CCCCLXXVI).

———•◦•———

CAPUT I.

QUARE POST TRAIANI EXCESSUM PRAECIPITI CURSU LATINAE LITTERAE AD VITIA DESCIVERINT.

Quas ineunte libro superiore decrescentis apud
Romanos politioris humanitatis causas memoravimus, eaedem plane nobis occurrunt, deteriorem
litterarum latinarum conditionem enarrantibus.
Si enim iure civitatis cum tot externis commu-
nicato, peregrinitas quaedam fuit in urbem infusa,
et nativus ille romani sermonis nitor, et pristina
elegantia statim post Augustum defecerunt, iam
coniectura licet augurari, quo tandem hoc vitium
litterarum latinarum processerit, quum post Ner-
vam ii imperatores rerum potirentur, qui in alienis regionibus essent nati, aut diutius extra urbem

vixissent, quique complures provinciales inquinate loquentes Romam accirent, quorum ministerio uterentur. Quae quidem peregrinitas magis magisque in linguam invasit, quum insequenti tempore imperii sede Byzantium translata, insolitae provinciarum descriptiones, nova magistratuum atque honorum nomina fuerunt invecta, postremo civilis et militaris disciplina penitus fuit immutata.

Profecto ex his, qui hac tempestate imperium obtinuere, nonnulli bonarum artium sospitatores habiti fuerunt, uti Hadrianus et duo Antonini. At mox teterrimi tyranni dominati sunt, qui huc tantummodo spectabant, ut publicis exactionibus provincias expilarent, et largitione militum voluntates redimerent, et auro pacem atque otium a barbaris gentibus impetrarent; interea dum militaris licentia, bella intestina, rerum externarum libido, foedissima luxuries et perditi mores rem publicam pessumdarent.

Incredibile etiam memoratu est quantopere hac aetate latini sermonis castitatem labefactarint insolentiora vocabula, aut ex ultima antiquitate repetita, aut licentius conficta, aut graeco fonte putidius derivata, aut ex duabus linguis inepte coalescentia, aut demum a propria in aliam significationem translata. Quod vitium iis temporibus commune, in scriptoribus praesertim occurrit, qui christianam sapientiam profiterentur. Quum enim libros fastidirent antiquis religionum superstitionibus imbutos, et toti essent, ut rudis multitudinis captui sese accommodarent, a sincera latinitate recedentes, vitiosum ac sordibus inquinatum dicendi genus advexerunt. Ad haec ipsa librariorum et sculptorum ignorantia romanis litteris detrimento fuit, quibus tandem irrumpentes barbari extremam veluti perniciem attulerunt.

CAPUT II.

DE POESI EPICA.

Claudius Claudianus.

Inter poëtas huiusce aetatis principem locum obtinet *Claudius Claudianus*, qui natus Alexandriae in Aegypto, floruit Arcadio et Honorio imperantibus. Adolescens in castra profectus, per varios militiae gradus ad tribunatum ascendit. Tandem vero ob ingenii praestantiam ab imperatore Honorio in urbem accitus, carminibus suis inclaruit, quibus iam inter arma ludere consueverat. De ipsius obitu nihil certi memoriae proditum fuit. Scripsit, praeter complura carmina panegyrica, epigrammata, edyllia, epistolas [1], *De raptu Proserpinae*

---

[1] Exstant Claudiani: 1° Panegyrici in Probini et Olybii fratrum consulatu; 2° In Rufinum libri II; 3° De III consulatu Honorii Augusti; 4° De IV consulatu eiusdem; 5° In nuptias Honorii Augusti et Mariae; 6° Fescennina IV in nuptias Honorii Augusti et Mariae; 7° De bello Gildonico; 8° De consulatu Fl. Mallii Theodori;

libr. ıiI - *De bello Gildonico* - *De bello Getico.* In hisce carminibus summam ingenii vim expromsit poëta Alexandrinus. Stylo usus est eleganti, florido, magnifico, et sententiarum altitudine spectando. In fingendo tamen liberior est; et nimium quiddam ac sonans in dictionibus interdum sic captat, ut verborum granditate lectori fucum facere videatur.

CAPUT III.

DE POESI DIDACTICA.

Terentianus Maurus - *Q. Serenus Sammonicus* - *Nemesianus* - *Avienus* - *Priscianus* - *Claudius Rutilius Numatianus* - *Dionysius Cato.*

Septem fere enumerantur didactici huius aevi poëtae, quorum alii alia argumenta sunt persecuti. Et *Terentianus* quidem *Maurus*, natione Afer, quem plerique referunt, ad Septimii Severi et Caracallae aetatem (1), poëma condidit vario carminum genere, *de litteris, syllabis, pedibus et metris,* venusta quadam elegantia et multa eruditione commendandum.

9° In Eutropium lib. ıI; 10° De laudibus Stiliconis lib. ıI; 11° De consulatu eiusdem; 12° De bello Getico; 13° De vI consulatu Honorii Augusti; 14° Laus Serenae Reginae; 15° Epithalamium Palladii et Celerinae; 16° De raptu Proserpinae lib. nI; 17° Gigantomachia; 18° Epistolae; 19° Edyllia vıI; 20° Epigrammata.

(1) Alii Martialis aequalem fuisse contendunt. In tanta sententiarum discrepantia nos rem in medio relinquimus.

Q. Serenus Sammonicus, medicus, inter coenandum a Caracalla interfectus, heroicum carmen conscripsit *de medicina*. Vir sui temporis doctissimus multa huc contulit ad historiam artis salutaris pertinentia. Sed humile usurpavit scribendi genus, neque ullis poëticis luminibus distinctum.

Q. Aurelius Olympius Nemesianus, Carthagine ortus, casta atque eleganti dictione caeteris Afris scriptoribus longe praestitit. Exstat eius *Cynegeticon*, seu *de venatione* carmen ad Carinum et Numerianum, cum aliquot fragmentis de Aucupio (1).

Rufus Festus Avienus, claro genere ortus floruit Gratiano et Theodosio imperantibus. Hic Arati Φαινόμενα ex graeco in latinum sermonem nitide convertit; Dionysii Alexandrini poëma, quod inscribitur Περιήγησις οἰκουμένης versibus heroicis interpretatus est; *descriptionem orae maritimae a Gadibus ad Massiliam* iambicis versibus exaravit, cuius exstat fragmentum. His addenda aliquot minoris momenti carmina, quibus non mediocrem ingenii et doctrinae laudem est consecutus.

Priscianus, cognomento *Caesariensis*, aequalis Iustiniani, praeter complura ad rem grammaticam spectantia, carmen panxit heroicis versibus *de ponderibus et mensuris*, quod a nonnullis Remio Fannio Palaemoni perperam tribuitur.

Claudius Rutilius Numatianus, natione Gallus,

---

(1) Perperam nonnulli *Eclogas* iv tribuunt Nemesiano, quas doctissimi quique Calpurnio vindicare non dubitarunt.

Honorio imperante, summis honoribus Romae perfunctus, *Itinerarium* conscripsit, poëmation supra
aetatem elegans, ornatum, et in duos libros distinctum, quibus profectionem suam in Galliam
et reditum in urbem narravit. In hoc carmine elegiaco, quod mutilum ad nos pervenit, acerrime
invehitur poëta in Iudaeos et Christianos, quibus
maxime erat infensus.

Dionysius Cato, qui vixit circa tempora Antoninorum, *disticha* edidit *de moribus ad filium*, in quibus
critici alienae manus vestigia passim agnoscunt.

CAPUT IV.

DE POESI BUCOLICA.

T. Iulius Calpurnius – Decimus Magnus Ausonius.

Carino et Numeriano imperatoribus floruit *T. Iulius
Calpurnius*, Siculus, cuius adhuc leguntur *Eclogae* xI
carminis artificio, atque eleganti orationis forma
laudandae. Quamquam vero ad Theocritum pariter
atque ad Virgilium respexit; in fingendis tamen
pastorum moribus graecum potius quam romanum
poëtam videtur expressisse.

Ad paullo posteriorem aetatem pertinet *Decimus
Magnus Ausonius*, Burdigalensis, grammaticus, rhetor
et poëta. Hic postquam litteras apud suos publice
docuisset, Romam accitus, Gratiani et Valentiniani
studiis praefuit; unde ad consulatum illi aditus

patuit. Extremo suo tempore in patriam rediit;
ibique honestum otium nactus, complura edidit
ingenii et doctrinae suae monumenta. Praeter nonnulla, prosa oratione conscripta, et carmina quaedam varii generis et argumenti(1), Ausonii *Idyllia* xx
enumerantur, in quibus romani sermonis castitatem et poëticum leporem desideramus.

CAPUT V.

DE POESI LYRICA.

*Ausonius – Claudianus – A. Prudentius Clemens –
Sidonius Apollinaris – Caelius Sedulius.*

Praeter nonnulla Claudiani et Ausonii carmina
quae iam memoravimus, ad lyricam huiusce aetatis poësim pertinent hymni *Aurelii Prudentii Cle-
mentis* (2), qui Christianorum poëtarum clarissimus

---

(1) Horum tituli sunt: Liber epigrammatum; Ephemeris, hoc est
totius diei negotium; Parentalia; Commemoratio professorum Bur-
digalensium; Epitaphia heroum, qui bello Troico interfuerunt; De
xII Caesaribus per Svetonium Tranquillum scriptis monosticha; De
iisdem a Iulio Caesare usque ad sua tempora tetrasticha; Clarae
urbes, sive ordo nobilium urbium; Ludus septem sapientum; Eo-
rumdem sententiae septenis versibus explicatae; Eclogarium; Epistolae; Periochae in Homeri Iliadem et Odysseam.

(2) Inter Prudentii opera enumerantur: Cathemerinon liber, xII
hymnos continens; De coronis, seu περὶ στεφάνων, hymni xIV; Apo-
theosis; Hamartigenia; Psycomachia; Contra Symmachum lib. II;
Dyptichon lib. II.

habitus est. Hic post adolescentiam in litteris trans-
actam, ab Honorio imperatore splendidis muneribus
fuit honestatus. Tandem vero humanarum rerum
pertaesus, impetrata munerum vacatione, se to-,
tum sacris litteris dedidit. Ubere sane copia, et
mira affectuum suavitate, christianam pietatem re-
dolentium, laudantur Prudentii carmina; at stylus
barbaris saepe aut obsoletis vocibus horridus, a
germana latini sermonis venustate longissime abest.

Easdem fere virtutes et vitia animadvertunt critici in carminibus *Sidonii Apollinaris*, Lugdunensis [1],
et *Caelii Sedulii* [2], qui praesertim in *carmine Paschali*
ad antiquorum imitationem se se componere stu-
duit, complura ex illis petendo; quae rebus christianis scite accommodaret.

CAPUT VI.

DE FABULA AESOPICA.

Flavius Avianus.

Duas et quadraginta fabulas versu elegiaco exaravit *Flavius Avianus* [3] ex iis, quae etiamsi originem

(1) Scripsit carmina XXIV, praeter Epistolarum libros IX. Huius
opera edidit Car. Ph. Labbeus. Parisiis, 1552, in-4°.

(2) Exstant carmen Paschale, seu mirabilium divinorum libr. V;
Elegia ; Hymnus ; Epigramma.

(3) Alii perperam *Avienum* vocant.

non ab Aesopo acceperunt (nam videtur earum primus auctor Hesiodus [1]), nomine tamen Aesopi maxime celebrantur. Quamquam vero noster sub Antoninis floruit, qui viros doctrina excellentes foverunt, et bene de litteris meriti sunt; longe tamen infra Phaedri laudem substitit, cum quo neque excogitandi vi, neque styli elegantia et facilitate est conferendus. Atque eo magis quod eius fabulas, quae puerorum manibus olim tererentur, paedagogorum ignorantia sine modo modestiaque foedavit.

CAPUT VII.

DE FABULIS MILESIIS.

Lucius Apuleius.

Venio nunc ad leve scriptionis genus, poësi finitimum, quod a Milesiorum otio, qui mollissimam Asiae urbem incolerent, vel potius ab Aristide Milesiacorum auctore, Milesiae fabulae nomen invenit [2]. Complures ex hisce fabulis condiderunt

(1) QUINTIL., De inst. orat., v, 11, 19.

(2) Fabulas Milesias, sive, ut aliis placet, Romanenses, orientis populi primi omnium excogitarunt. Et *Clearchum* quidem, qui scripserat amatorios libros, tulit Cilicia, Syriae vicina provincia. *Iamblichus*, qui amatoriam de Rhodane et Synonide historiam concinnavit, parentibus Syris prognatus, apud Babylonios educatus est. *Heliodorus*, qui fabulam Milesiam condidit de Theagene et Chariclea, natus est Emisae, quae urbs Phoenicum fuit. *Lucianus*, qui

Graeci; ita tamen ut subsequentes scriptores priorum vestigia premerent. Apud Romanos autem Milesiarum exemplar dedit *Lucius Apuleius*, Madaurensis ex Africa, philosophus Platonicus, iurisconsultus et orator sui temporis clarissimus. Vixit Antonino Pio imperatore, et multa graece et latine scripsit tum soluta, tum numeris adstricta oratione, quorum tamen pleraque perierunt[1]. At prae caeteris Apuleii operibus laudantur *Metamorphoseon*, seu *fabularum Milesiarum de asino* libri xI, in quibus ineptiae magorum, sacerdotum flagitia, furum catervae satyrice perstringuntur. Hanc fabulam *graecanicam* appellat noster; namque haud aliter ac Luciani *asinus*, ex duobus primis libris est depromta metamorphoseos Lucii Patrensis. Hoc tamen discrimen intercedit, quod Lucii libros contraxit Lucianus, amplificavit Apuleius, adscitis praesertim nonnullis episodiis, quorum pulcherrimum est Psyches fabula, quam totam ex Platonica philosophia profectam esse demonstrant. Multa sane eruditione,

---

Lucii in asinum metamorphosin commentus est, patriam habuit Samosatam. Achilles Tatius, a quo Clitophontis et Leucippes amores accepimus, Alexandria erat oriundus. Et his atque aliis exemplis patet, fabularum Milesiarum incunabula ex orientis regionibus esse repetenda. Quum autem inde in Graeciam fuissent translatae, idoneum solum nactae, altissimas ibi egerunt radices. P. DANIEL HUETIUS, De origine fabularum Romanensium. Hag. Com., 1682. — Cf. BECK, Commentar. de litter. et auctor. graecis. Lipsiae, 1789, § 23.

(1) Exstant metamorphoseon, sive asini aurei libri xI. — Apologia, sive de magia liber. — Floridorum libri iv. — De Deo Socratis. — De dogmate Platonis libri iiI. — De mundo liber singularis. — Fragmenta.

et urbana festivitate commendatur Apuleianum opus *de asino*; at fastidiose in eo repudiantur audaciores et poëticae translationes, tum vero insolens et monstrosa quaedam dictionum licentia , unde tumor et vaniloquentia et africanus quidam color, a nativo Romanorum candore quam maxime abhorrens.

CAPUT VIII.

DE HISTORIA.

§ I

Iustinus.

Quemadmodum in poëtis, ita in solutae orationis scriptoribus, atque in historicis praesertim, sequioris aetatis vestigia deprehendimus, decrescente in dies cogitandi scribendique libertate ; si modo *Iustinum* excipiamus, in quo elegantioris aevi passim virtutes agnoscimus.

Plerique ad Antonini Pii tempora hunc referunt, cuius exstant *Historiarum Philippicarum libri* xxxxiv a Nino usque ad Caesarem Augustum [I]. Quibus

---

[I] *Philippicae* appellantur Iustini historiae a potiore sui parte, hoc est a rebus Macedonicis, quas a libro vii ad xxxxi historicus persequitur.

libris Iustinus graecas et totius orbis historias in
epitomen coëgit, quas per multa diffusas volumina Trogus Pompeius, Theopompi exemplum
secutus, Augustea aetate latine perscripserat. Iuvat
omnino in hanc rem Iustinum ipsum audire. Ex
hisce Trogi voluminibus, ait ille, « per otium,
quo in urbe versabamur, cognitione quaeque di-
gnissima excerpsi, et omissis his, quae nec co-
gnoscendi voluptate iucunda, nec exemplo erant ne-
cessaria, breve veluti florum corpusculum feci [1]. »
Unde iam illud colligitur, quandam veluti ἀνϑολο-
γίαν ex Trogi historiis fuisse a Iustino conflatam.
Et revera plurimae passim in hac epitome narrationes occurrunt copiosae et ornatae, in quibus
noster non modo sententias, sed et voces ipsas videtur a Trogo fuisse mutuatus. Multa vero fusius
ab illo narrata breviter adeo perstrinxit, ut nexu
narrationis tantum servato ad alia progrederetur.

Quum igitur Iustinus Trogi dictiones ut plurimum retinuerit, etsi non eadem ubique gaudet
orationis venustate, aureum tamen Augustei saeculi colorem plerumque reddit, atque omnium huiusce aetatis scriptorum elegantissimus habetur.
Ad haec quum nemo apud veteres Romanos, praeter Iustinum, totius ferme orbis historiam nobis
exhibuerit, iure meritoque viri cordatiores hanc
epitomen plurimi fecerunt, ad cuius auctorita-

(1) V. Iustini praefat.

tem[1] in tanta reliquorum scriptorum iactura haud
raro nobis est confugiendum.

§ 2.

Scriptores historiae Augustae.

Plerique historicorum, qui tertio et quarto saeculo post Christum natum floruerunt, huc ferme
spectasse videntur, ut imperatorum vitas posteris
proderent; qui idcirco *historiae Augustae scriptores*
fuerunt appellati. Ita nimirum ferente illorum temporum conditione, ut ad principes, qui soli omnia
possent in republica, omni cogitatione ferrentur
historici. Sex autem vulgo enumerantur huiusmodi
scriptores, qui iunctim edi consueverunt: *Aelius
Spartianus*[2], *Vulcatius Gallicanus*[3], *Trebellius Pollio*[4],

---

(1) De Trogi Pompeii eiusque epitomatoris Iustini fontibus et
auctoritate vide commentationem A. H. L. HEERENII, qua Iustinum
a se italice redditum nuper exornavit FRANCISCUS ARNULFIUS, collega meus, vir latinis atque italicis litteris cum primis eruditus.
(*Iustini historiae Philippicae ex recensione Abr. Gronovii cum selectis
variorum suisque notis edidit, italicam interpretationem variasque lectiones ex duobus codd. mss. Biblioth. Taurin. nunc primum excerptas
adiecit Fr. Arnulfius, in Regio Taurin. Athenaeo Collegii AA. LL.
socius. Taurini, ex officina Regia, an.* MDCCCXLVIII, in-8°).

(2) Huius exstant vitae P. Aelii Hadriani, L. Aelii Veri, M. Di-
dici Iuliani, C. Pescennii Nigri, L. Septimii Severi, M. Aurelii Antonini seu Caracallae, L. Septimii Getae.

(3) Huius legitur etiamnunc vita Avidii Cassii tyranni.

(4) Supersunt vitae P. Licinii Valeriani senioris, Valeriani iunioris,
Gallieni, Q. Iulii Gallieni Salonini, M. Claudii Gothici, et xxx tyrannorum.

Flavius Vopiscus (1), *Aelius Lampridius* (2), et *Iulius Capitolinus* (3).

Hi omnes a veterum elegantia in scribendo discesserunt; et, si Vopiscum excipias, in notatione temporum negligentes, in repetitionibus inepti, haud raro obscuritate laborant. Non parvi tamen faciendi, quod ea litteris mandarunt, quae aliunde frustra peterentur. Huiusmodi sunt principum epistolae, senatusconsulta, aliaque id genus monumenta, quibus res romanae ab Hadriano ad Carinum illustrantur.

§ 3.

Sextus Aurelius Victor.

Paullo aetate posterior, Constantio et Iuliano imperatoribus, floruit in urbe *Sextus Aurelius Victor*, natione Afer. Licet humili loco natus, bonarum artium studiis viam sibi ad honores munivit; et,

(1) Reliquae sunt vitae L. Domitii Aureliani Aug., M. Claudii Taciti Aug., M. Annii Floriani Aug., M. Aurelii Probi Aug., Firmi, Saturnini, Proculi et Bonosi tyrannorum, Cari, Numeriani et Carini Augg.

(2) Aelii Lampridii, quem nonnulli arbitrantur, unum eundemque esse atque Aelium Spartianum, exstant vitae Commodi, Antonini Diodumeni, Elagabali, Alexandri Severi.

(3) Huius leguntur hodieque vitae T. Antonini Pii, M. Aurelii Antonini, L. Veri, P. Helvii Pertinacis, D. Clodii Albini, M. Opelii Macrini, C. Iulii Maximini patris, C. Iulii Maximi filii, M. Antonii Gordiani patris, M. Antonii Gordiani filii, M. Antonii Gordiani nepotis, D. Caelii Balbini, M. Clodii Pupieni Maximi.

postquam proconsulari dignitate ab Iuliano auctus fuisset, urbis Romae praefectus et consul fuit anno post Christum natum trecentesimo, tertio et septuagesimo. Ex eius operibus supersunt: 1° libellus *De origine gentis Romanae*; 2° *De viris illustribus urbis Romae* [1]; 3° *De Caesaribus* ab imperatore Augusto usque ad Constantium, Constantini filium [2].

Etsi a quibusdam non spernendae latinitatis auctor dicitur Aurelius Victor; non pauca tamen in eius libellis occurrunt, quae occidentis latinae linguae vitia produnt. Legendus igitur non utique propter orationis castitatem et nitorem, sed propter veritatis studium et rerum notitiam, quam ipse ex vetustioribus libris depromsit, qui nunc desiderantur.

§ 4.

Flavius Eutropius.

Quo genere, quave gente ortus sit *Eutropius* ambigitur; alii enim alibi natum ferunt. Hoc tamen inter omnes constare video, fuisse primum Con-

---

(1) Hunc libellum alii Cornelio Nepoti, alii Svetonio, pars etiam Plinio iuniori, aut Tacito, aut Asconio Pediano olim adscripserunt; sed viri elegantiores Aurelio Victori recte vindicant ex veterum codicum auctoritate.

(2) Sunt qui nostro etiam tribuant epitomen de Caesaribus ab imperatore Augusto ad excessum Theodosii. Sed critici confirmant, hanc ad alium scriptorem pertinere incertae aetatis, et fortasse ad *Aurelium Victorem*, quem cognomento *minorem* appellant.

stantino Magno ab· epistolis, deinde una cum imperatore Iuliano adversus Persas pugnasse.

Scripsit iussu Valentis Augusti *Breviarium historiae Romanae*, x libris distinctum, quo res romanas ab urbe condita ad Valentis imperium ita est persecutus, ut servato temporum ordine, quae in pace aut in bello potissimum· eminerent, quam fieri potuit brevissime et fideliter colligeret. Hoc autem nomine permagni habitus est noster; et graece, italice, gallice, germanice, hispanice et britannice redditus, vel ab antiquissimis temporibus in manibus hominum multum fuit. Sed qua brevitate praesertim commendatur Eutropius, haec eadem illi adeo nocere visa est, ut multorum interpolationibus foedaretur [1]. Illius stylus facilis est, perspicuus, apertus, qualis videlicet historiae epitomen decet; haud inelegantem etiam dixeris, si verborum· sordes eluantur, deteriorem aetatem redolentes.

---

[1] Praecipui Eutropii interpolatores vulgo feruntur Paulus, Warnefridi filius et Landulphus·Sagax, quorum opera praesertim exstitit *historia miscella*. Hac de re et de historico nostro generatim, multa docte atque eleganter praefatus est I. FR. MURATORIUS, collega meus, ad italicam Eutropii interpretationem, quam nuperrime evulgavit Augustae Taurinorum. (*Compendio della storia Romana di Eutropio, versione di G. F. Muratori, col testo a piè di pagina*. Torino, dalla Stamperia Reale, 1849, in-8°).

§ 5.

Sextus Rufus.

Eutropii aequalis *Sextus Rufus*, *Breviarium* et ipse composuit *historiae Romanae*, imperatori Valentiniano inscriptum, in quo cursim et properantius fortasse quam par sit, res romanae narrantur usque ad obitum imperatoris Ioviani. Alia quoque sub Rufi nomine fertur opella *De regionibus urbis Romae*, ubi omnia tam publica, quam privata aedificia brevissime describuntur. Verum si qua hisce libellis historico nostro parta est laus, ea sane ex ipso argumento, non ex orationis elegantia est repetenda.

§ 6.

Lucius Ampelius.

Ab Eutropio et Rufo, qui res romanas in epitomen coëgerunt, haud seiungendus est *Lucius Ampelius*, quem plerique ad sequiorem hanc latini sermonis aetatem referunt. Hic *librum memorialem* exaravit, Macrino suo inscriptum, in quo, stylo usus nudo et simplici, breviter adeo res perstrinxit, quae in toto orbe essent memorabiles, praesertim vero quae ad historiam, ad astronomiam et geographiam pertinerent.

§ 7.

Ammianus Marcellinus.

Aliquanto maiorem celebritatem quam aequales sui adeptus est *Ammianus Marcellinus*, qui sub Constantio et proximis imperatoribus vixit usque ad Theodosium. De huius patria et parentibus alii alia protulerunt. Plerique vero opinantur, Antiochiae haud ignobili genere ortum, prima aetate litteris atque armis operam dedisse. Utrum Christianam sapientiam sit secutus necne, multi dubitant. Sed haec nihil ad nos. Illud est huiusce scriptionis notare, Ammianum Marcellinum post maximos belli labores, quinquagesimo ferme aetatis anno, Theodosio imperatore, ad scribendam *historiam* se contulisse, qua res gestas *a Nervae principatu ad Valentis interitum* narravit *libris* xxxI, quorum tredecim priores interciderunt.

Quum noster, Iuliano imperatore, bello Persico stipendia faceret, nobiliores Orientis atque Occidentis provincias pervagatus, multa inde arripuit, quae probe cognita historiae suae fideliter mandaret. Neque solum in externis bellis describendis diligenter est versatus, sed res etiam urbanas et domesticas sine partium studio notavit, et principum virorum ingenia et mores depinxit. Quare si historicam fidem in Marcellino spectemus, nae ille vehementer laudandus. At verba latinis auribus inaudita, graecanicae quaedam atque horridae dictiones, longior interdum et perturbata rerum expositio, orationis perspicuitati maxime officiunt, et castrensem et graecum hominem facile produnt.

§ 8.

Sulpicius Severus et Paullus Orosius.

Historicorum huiusce aetatis, qui quidem in aliquo sint numero, ordinem claudunt *Sulpicius Severus* et *Paullus Orosius*, quorum uterque doctrinam Christianam professus, in eodem argumento adlaboravit. Prior nempe natione Gallus scripsit *Historiae sacrae libros* ıI *ab orbe condito ad annum Christianum ferme quadringentesimum* (1); alter vero Lusitanus vel Hispanus, *Historiarum libros* vıI *ab orbe condito ad annum Christianum* ccccxvıI (2).

Quum Sulpicius in Sallustii lectione plurimum fuisset, eius colorem quodammodo refert in historia, cui plerique maximam fidem adiungunt. Haec sane, etsi vitiis non caret, haud ineleganti tamen stylo est conscripta. Quare si illam commendavero prae quibusdam recentioribus libellis (3),

(1) Exstant praeterea Sulpicii Severi dialogi ııI De miraculis B. Martini - Epistola ad Desiderium - ad Eusebium presbyterum - ad Aurelium diaconum - ad Bassulam socrum - De vita B. Martini, Turonensis episcopi.

(2) Scripsit etiam Apologeticon de arbitrii libertate, et Commonitorium ad Augustinum.

(3) Spectant haec verba ad opellam, latinae grammaticae alumnis publice propositam, quae inscribitur: *Selecta christianorum scriptorum* (auctore Nicolao Thommaseo). Vah! apage a nobis libellum -hu-

quos audio pueris nostris proponi, latinae linguae studiosis, omnes mihi facile assensuros confido.

Ad Sulpicii praestantiam non accedit Orosius, quem nonnulli tamquam credulum carpunt. Eius stylus non plane incultus, neque omnino latini sermonis venustati repugnans.

§ 9.

Notitia dignitatum utriusque imperii.

Postquam dictum est de historicis, quibus deterior haec Romanorum aetas illustratur, haud absurdum videtur librum memorare ab incerto auctore paullo post Theodosii tempora conflatum, qui inscribitur: *Notitia dignitatum utriusque imperii* [1]. In hoc dignitates tam civiles quam militares, et provinciae Romani imperii continentur. Hinc ἀρχαιλόγοι antiquitatis notitiam, philologi autem nomina petent, quibus commode et latine efferantur magistratus et munera, quae recentior aetas in rerum publicarum rationem induxit.

iuscemodi, qui germana barbarie adolescentulos nostros infuscat, quorum aures permagni referret nitidis dictionibus adsuescere.

(1) Hanc opellam commentariis illustravit saeculo XVI GUIDO PANCIROLUS, Regiensis (Notitia dignitatum utriusque imperii cum commentariis. Veneliis, 1593, in-fol.); nuperrime vero animadversionibus auxit ED. BOECKING. — Cum hac *Notitia* recte quis comparaverit librum, qui apud Subalpinos prodiit saeculo superiore, cum hoc titulo: GALLI, *Cariche del Piemonte*.

CAPUT IX.

Quae adhuc exstant corrupti huius aevi opera oratoria eloquentiae occasum apertissime testantur. Quin et oratoria facultas apud Romanos penitus defecisse dicenda esset, nisi aetatem tulissent *M. Cornelii Frontonis* orationes, *Q. Aurelii Symmachi* orationum fragmenta [1], et panegiricae quaedam orationes, quarum auctores feruntur *Claudius Mamertinus* [2], *Nazarius, Porphyrius, Optatianus, D. Magnus Ausonius, Latinus Pacatus Drepanius* [3]. Harum argumenta sunt de laudibus imperatorum ob collata praesertim in Galliae civitates beneficia. Si autem monumenta quaedam excipiamus, quibus illorum temporum historia iuvatur, vix quidquam in hu-

[1] Frontonis orationes cum epistolis, et Q. Aurelii Symmachi orationum fragmenta in lucem primus evocavit ex codd. palimps. Biblioth. Ambros. et Vatic. ANGELUS MAIUS, vir cl. (M. Cornelii Frontonis opera cum commentario et notis A. Mai. Romae, 1823, in-8°. — Q. Aurelii Symmachi octo orationum ineditarum partes invenit, notisque declaravit A. Mai. Romae, 1823). — Exstant etiam Symmachi epistolarum libri x. Caeterum etsi Frontonis et Symmachi opera laudantur tum ob civilem quandam prudentiam, quae in ipsis elucet, tum vero ob antiquitatis notitiam, ad stylum quod attinet, a saeculi vitiis non recedunt.

[2] Plerique duos Mamertinos memorant, orationum panegyricarum scriptores; quorum alium *seniorem*, alium vero *iuniorem* appellare consueverunt.

[3] In editione panegyricorum veterum, quae prodiit Venetiis anno superioris saeculi decimonono, praeter orationes illorum, quorum nomina hic habes, nonnullae leguntur incerti auctoris, quas tamen alii aliis tribuunt.

iusmodi orationibus occurrit, quod cordatioribus probetur; qui e contrario barbaras dictiones, tumidas atque involutas sententias, postremo humilem et turpissimam adsentationem in iisdem repudiant.

Nec maiorem fortasse laudem merentur nonnulli, qui rhetoricis commentariis, graeco fonte ut plurimum derivatis, studiosos adolescentes eloquentiae praeceptis imbuerent. In his memorantur in primis *Aquila Romanus*, cuius exstat libellus *De figuris sententiarum et elocutionis*, e graeco opusculo Alexandri Numenii excerptus; *Iulius Rufinianus*, qui Aquilae opellam, quam modo memoravi, dicitur absolvisse; *Curius Fortunatianus*, cuius leguntur etiamnunc *Artis rhetoricae* libri iiI; postremo *Marius Victorinus*, qui praeter alia nonnulla scripsit *Expositionem in* I *et* iI *librum rhetoricorum Ciceronis*. Hi omnes tertio aut quarto saeculo Christiano vixerunt, eorumque opera simul evulgavit Claudius Capperonius anno superioris saeculi sexto et quinquagesimo [1].

---

[1] Antiqui rhetores latini, Argentorati, 1756, in-4°. — Cum adnotationibus Ruhnkenii edidit et locupletavit Car. H. Frotscher. Lipsiae, 1831, in-8°.

CAPUT X.

DE PHILOSOPHIA.

§ 1

L. Apuleius et Chalcidius.

« Nullos profecto peius mereri de omnibus mortalibus iudico, quam qui philosophiam, veluti aliquod artificium venale didicerunt, qui aliter vivunt, quam vivendum esse praecipiunt. Exempla enim se ipsos inutilis disciplinae circumferunt, nulli non vitio quod insequuntur obnoxii ». Haec verba, quibus Seneca [1] Lucilium suum docebat quinam philosophi sint audiendi, germanam philosophorum huiusce aetatis imaginem nobis exhibent; quorum maximus proventus exstitit M. Antonino imperante, ut principis gratiam captarent, qui Stoicorum doctrinae addictus *philosophi* cognomento fuit donatus. At huiusmodi nebulonum, qui sanctissimae disciplinae nomen ementirentur, nulla monumenta litteris sunt prodita. Quare unus *Apuleius* fuit, qui hac tempestate philosophi dignitatem tueretur, illam doctrinam professus, quam Ammonius Alexandrinus primum apud Graecos invexit, quaeque *philosophia Alexandrina*, seu *Neoplatonica* fuit appellata, proptereaquod Alexandriae orta, Platonis placita

(1) Epistola cvııı, 35.

cum recentiorum superstitionibus coniungeret. Huius doctrinae specimen dedit Apuleius in operibus suis *De Deo Socratis; De dogmate Platonis* libri iiI; *De mundo* liber singularis, ea usus scribendi ratione, quam alibi notavimus, quum sermo esset de fabulis Milesiis [1].

Apuleio comes accedit *Chalcidius*, qui vixit quarto saeculo Christiano, et partem priorem *Timaei Platonici* latine interpretatus est, et commentariis illustravit.

§ 2.

Christianae sapientiae scriptores.

Ad philosophorum familiam pertinent etiam Christianae sapientiae scriptores, inter quos eminent *Q. Septimius Florens Tertullianus, Arnobius, M. Minucius Felix, L. Coelius Lactantius Firmianus, Thascius Caecilius Cyprianus, Sophronius Eusebius Hieronymus, S. Ambrosius, S. Aurelius, Augustinus, Salvianus, Anicius Manlius Severinus Boëthius* et *Magnus Aurelius Cassiodorus.* Sed quum huiusmodi homines Deo devoti animum divinis cogitationibus tantummodo exercerent, et toti essent in confirmanda Christianorum doctrina, venustae et concinnae orationis securi, barbarum plane atque horridum scribendi genus usurparunt, praeter Minucium, haud sane inelegantem, et Lactantium,

---

[1] Lib. iv, cap. 7.

qui Tulliani styli virtutes tam feliciter est consecutus, ut *Christianus Cicero* merito dictus sit. Ad hunc igitur scriptorem eos delegamus, quorum est de rebus ad Christianam sapientiam pertinentibus latine disserere, ne videlicet nobis contingat illa scriptionum portenta saepius oculis usurpare, in quibus religiosae atque altiores sententiae, posthabita omni dignitate, eo sermone, qui vix latinum referat colorem, efferri consueverunt.

At prae caeteris Christianis scriptoribus, nomen suum posteritati propagavit Boëthius, qui Romae natus ex antiquissima familia anno Christiano ccccLV, adolescentiam Athenis, liberalioribus disciplinis intentus, transegit. Florente iuventa ob excellens ingenium et singularem doctrinam regi Theodorico mirifice dilectus, ad praecipua reipublicae munera fuit admotus. Sed tertio iam consulatu perfunctus, improborum invidiam non effugit. Quapropter causa indicta, proditionis damnatus, Ticinum in carcerem fuit deductus, ac tandem annos natus unum et septuaginta, Theodorici iussu securi percussus.

Multa supersunt Boëthii opera de re theologica et philosophica. Sed eruditione, sapientia et latini sermonis candore prae caeteris celebrantur *De consolatione philosophiae* libri v, quos partim prosa, partim poëtica oratione, carcere detrusus conscripsit, ut animi sui aegritudinem quodammodo leniret.

CAPUT XI.

DE SCRIPTORIBUS RERUM NATURALIUM
ET MATHEMATICARUM.

Non modo orationis elegantia longe infra superiorum laudem substiterunt huiusce aetatis scriptores, sed ea quoque ingenii vi, quae in rerum
caussas inquirit, et diuturna observatione disciplinarum fines proferre consuevit. Quapropter maxima
illorum pars, qui hac tempestate in studio sunt
versati rerum naturalium et mathematicarum, ad
veteres ita respexerunt, ut omnia ferme ab iis
compilasse dicendi sint, praeter dictionem, quam
plerique incultam et barbarie inquinatam praeseferunt. Et prior quidem *C. Iulius Solinus*, cuius
aetatem conferunt ad annum Christianum ccxviiI,
Polyhistorem, seu *Collectanea sua rerum memorabilium*
derivavit ex Plinii historia naturali. Inde etiam flu-
xerunt libri v *De re medica*, qui *Plinio Valeriano* tribuuntur, et *Q. Sereni Sammonici carmen de variis mor-
borum curationibus*. Ex graecis scriptoribus libros
suos [1] expressit *Coelius Aurelianus* medicus, *Methodicorum* [2] sectae addictus; graeco pariter fonte
manasse dicuntur *Publii Vegetii Renati de mulomedi-*

---

[1] Celerum sive acutarum passionum lib. iiI; Tardarum sive chro-
nicarum passionum lib. v.

[2] Triplex fuit apud veteres medicorum genus, *dogmaticorum
seu rationalium*, *empiricorum* et *methodicorum*, de quibus vide Celsum in praefat.

cina, seu *arte veterinaria* libri IV. Quae habet *Cn.
Marcellus* cognomento *Empiricus* in libro *de medica-
minibus empiricis, physicis et rationalibus* omnia ferme
Scribonio Largo sunt tribuenda ; passim vero ex
multis, qui aetate illum antecedunt, hausit *Theodorus Priscianus* libros IV *rerum medicarum*, et librum
de diaeta, seu *de rebus solubilibus*. Neque aliter sentiendum de *Palladio Rutilio Tauro Aemiliano*, qui in
libris suis *De re rustica* [1] Columellae praesertim
vestigia persequitur. In plerisque editionibus, aliis
rei rusticae scriptoribus comes plerumque adiun
gitur Palladius ob stylum simplicem, nec plane
invenustum. Eius tamen aetatem ad Arcadii ,et
Honorii tempora pertinere arbitrantur critici elegantiores.

A scriptoribus, de quibus modo dictum est,
recessit *Coelius Apicius*, cuius nomine feruntur *De re
coquinaria*, seu *de opsoniis et condimentis* libri X. Siquidem artis suae praecepta non aliunde quam ex
penu suo videtur depromsisse. Sunt qui putent [2],
hisce libris ex argumento potius, quam ex auctore
nomen factum fuisse. Sed quidquid demum hac

---

(1) Tredecim enumerantur, quibus accedit liber elegiaco carmine
exaratus *De insitione.*

(2) Vossius, Inst. orat. XII, sect. 12. — Fabric., Biblioth. lat.,
II, 25. — Saxius, Onomast. I. — Et revera, quum tres Romae olim
fuerint *Apicii*, gulae studio notissimi, quorum primus ad Caesaris,
alter ad Tiberii, tertius vero ad Traiani aetatem pertinet, videtur
auctor opus suum *Apicii* nomine inscripsisse, quod de rebus ageret
ad gulam pertinentibus.

de re sentiendum sit, eius stylus rudis et barbarus deterioris aevi scriptorem prodit.

Restant rerum mathematicarum scriptores, de quibus antequam pauca dico, animadvertendum est, *matheseos* nomine hac aetate *astrologiam* quoque fuisse donatam, quae videlicet ex astris futura praedicere profitebatur. Sic *Iulius Firmicus Maternus* in *matheseos* libris, qui octo enumerantur, de vi tantum disserit, quam astra in mortalium vitam et fortunam exercerent. Caeterum ad *mathesin* pertinet *gromatica* (1) disciplina, de qua commentarios scripserunt *Siculus Flaccus*, *Aggenus Urbicus*, *Hyginus gromaticus* aliique. Item scientia rei militaris, quam *Modestus* et *Flavius Vegetius Renatus* (2) illustrarunt; ille quidem edito libro *de vocabulis rei militaris*; hic autem conscriptis libris v *de re militari* ad Valentinianum II, quos ut ipse testatur (3) ex commentariis Catonis, Celsi, Frontini, Paterni, atque ex constitutionibus Augusti, Traiani, Hadriani potissimum depromsit. Erudita sane est haec Vegetii commentatio, antiquitatis studiosis perquam utilis, neque horrida dictione omnino improbanda.

Postremo ad mathematicas disciplinas proxime accedit γεωγραφία, cuius perpauca exstant monumenta ad hanc aetatem pertinentia. In his enu-

---

(1) Quae videlicet agrorum mensuram docet a graeco γνῶμα, quod instrumentum significat agri mensoris, quo viae flexae ad lineam diriguntur. Recentiores γεωδαισίαν appellant.

(2) Non confundendus cum *Publio Vegetio Renato*, de quo supra memoravimus in scriptoribus rerum naturalium.

(3) Lib. I, cap. 8.

merantur *Itineraria* quaedam *perscripta* (1), *Aethici Istri Cosmographia*, *Vibii Sequestris* libellus *de fluminibus*, *fontibus*, *lacubus* etc., quorum apud poëtas mentio fit, aliaque nonnulla, quae cum Pomponio Mela edi consueverunt.

CAPUT XII.

DE IURISPRUDENTIA.

Senescente hac aetate nullius fortasse disciplinae impensius quam iuris studio dediti fuerunt Romani. Quod quidem Hadriani opera praesertim factum est, quo imperante romana iurisprudentia novum quasi vultum induit, et iurisconsulti·tot honorum insignibus fuerunt honestati, ut nihil iis ad dignitatem deesse videretur. Prae caeteris autem gratia et auctoritate apud Hadrianum valebat *Salvius Iulianus*, qui Sabinianae scholae famam unus omnium tuebatur. Hic imperatoris iussu veterum praetorum edicta collegit, nova condidit, ex quibus exstitit illud corpus iuris romani, quod *Edictum perpetuum* fuit appellatum. Mox Antonini Pii et sequentium

---

(1) Duplicis generis fuerunt apud Romanos *Itineraria*. Nimirum *perscripta*, in quibus loca, eorumque distantiae adnotabantur, cuiusmodi est *itinerarium Antonini* et *Hierosolymitanum*; *picta*, quae ipsa loca orbis repraesentarent, uti *tabula Peutingeriana*. Nos dicimus *carte topografiche*. De veteribus Romanorum itinerariis vide disputationem P. WESSELLINGII, editam Amstelodami an. 1735.

imperatorum aetate plurimi etiam iurisconsulti provenerunt, inter quos eminent *L. Volusius Moccianus*,
Titus Caius Sextus Pomponius, *Q. Cervidius Scaevola*, *Ae-
milianus Papinianus*, *Domitius Ulpianus*, *Iulius Paullus*,
Herennius Modestinus. Horum responsa passim in
Pandectis occurrunt, eo stylo conscripta, qui aureum latini sermonis candorem plerumque refert.
Quod quidem nemini mirum videbitur, consideranti
iurisconsultorum mores et ingenium, qui antiquissimarum legum carmen et concepta verba mordicus
tenere consueverunt.

Postquam vero Constantinus Magnus respondendi iuris facultatem prudentibus ademit, et soli
principi ius leges interpretandi esse voluit, romanae iurisprudentiae oracula obmutuerunt. Ex eo
tempore imperatorum constitutiones pro legibus
habitae. Hinc *Codex Gregorianus*, *Hermogenianus*,
Theodosianus, *Iustinianeus*, ad quorum normam ius
ei populo redderetur, ad quem unum stante republica ius legum condendarum pertinebat.

CAPUT XIII.

DE GRAMMATICA.

Aulus Gellius. – Censorinus. –
Aurelius Macrobius. – Martianus Mineus Felix Capella ,
aliique rei grammaticae scriptores.

Nec sua etiam dignitas hoc tempore grammaticis defuit, quos imperatores immunitate aliisque
beneficiis passim ornarunt. Hoc enim plerumque
fieri videmus , ut inclinatis iam litteris atque in
deterius vergentibus , ii prae caeteris in honore
habeantur, qui relicto rerum pondere ac nitore ,
in tradendis praeceptis, in perpendendis syllabis,
in quodam inani circa voces studio, in frigida demum et morosa eruditione consenescunt. Unde
tamen factum est , ut grammatici, quorum est
linguas sartas tectas servare , latinum sermonem
a barbarie , quantum fieri poterat , vindicarent.
Inter illos autem laudandus praesertim *Aulus Gel-*
lius , quem Vossius [1] ad imperatoris Hadriani
aetatem refert , plerique vero sub Antonino Pio
maxime floruisse contendunt. Hic Romae ortus ,
atque Athenis litteris eruditus , grammaticorum
et philologorum aetatis suae princeps habitus est.
Exstant illius *Noctes Atticae* in xx libros distributae,

---

(1) De hist. lat., 1, 19.

quorum tamen octavus (1) et initium sexti desiderantur. Hoc nomine *Noctium Atticarum* opus suum inscripsit Gellius, propterea quod longinquis, ut ipse ait (2), per hiemem noctibus, in agro terrae Atticae hasce commentationes facere exorsus fuit. Quum autem multa in his philologica, critica, historica, philosophica, aliaque memoratu digna ex innumeris libris graecis et latinis collegisset, iisdem saepe usus veterum scriptorum dictionibus; stylus inde ortus est disparilis, purus interdum et concinnus: in quo tamen aliquot vitia notantur, atque in primis insolentes quaedam voces, quae certam sequioris aetatis notam referunt. Hoc igitur nomine Gellii lucubrationes praesertim sunt laudandae, quod in his antiquitatis thesaurus veluti delitescit.

Multum quoque ad antiquitatis historiam confert libellus *Censorini* grammatici *De die natali*, seu *de humana origine*, satis nitido stylo conscriptus. Veterum philosophiam et philologiam illustrant *Aurelii Macrobii Commentariorum libri* iI *in somnium Scipionis*, e Tullianis libris decerptum de republica, *Saturnaliorum Conviviorum libri* viI, et liber *De differentiis et societatibus graeci et latini verbi*; nec praetermittendus *Martianus Mineus Felix Capella*, cuius legitur *Satyricon* novem libris constans, partim soluta, partim numeris adstricta oratione. Ex his duo

---

(1) Octavus hic liber xv capitibus continebatur, quorum argumenta solum ad nos pervenerunt.
(2) Lib. xx, cap. 11.

priores fabulam narrant *Nuptiarum Philologiae et Mercurii*; reliqui septem laudes continent grammaticae, dialecticae, rhetoricae, geometriae, arithmeticae, astronomiae et musicae.

In re autem grammatica praesertim elaborarunt, praeter *Frontonem*, de quo supra diximus [1], *Marius Victorinus, Aelius Donatus, Aelius Augustinus, Flavius Caper, Sextus Pomponius Festus, Nonius Marcellus, Velius Longus, Servius Maurus Honoratus, Flavius Sosipater Charisius, Diomedes, Priscianus, Consentius* aliique, quorum opera in unum corpus congesta primum edidit Elias Putschius [2], nuperrime vero auxit Fridericus Lindemannus [3].

Hic satis erit de illustrioribus huiusce aetatis scriptoribus perquam breviter dixisse; omnes enim persequi infiniti operis esset, atque ab adolescentum rationibus alienum, quorum causa noster hic omnis labor fuit susceptus. Caeterum eloquentiae studiosos vehementer hortabor, ut hanc litterarum latinarum haereditatem, quam a maioribus nostris accepimus, diligentissime tueantur, idque saepius animo reputent, Italos commodis suis perperam consuluisse, quotiescumque rerum suarum pertaesi externa et adventicia tantummodo sectarentur.

[1] Lib. IV, cap. 9.
[2] Hannov., an. MDCV, in-4°.
[3] Lipsiae, an. MDCCXXXI, vol. 3, in-4°.

ΠΑΡΕΡΓΟΝ

ALIQUOT MONUMENTORUM

LATINI SERMONIS VETUSTIORIS

CARMEN FRATRUM ARVALIUM.

....Deinde (sacerdotes) in aedem intraverunt, et ollas precati sunt, et osteis apertis per clivum iacuerunt; deinde subsellis marmoreis consederunt, et panes laureatos per publicos partiti sunt, ibi omnes lumemulia cum rapinis acceperunt, et Deas unguentaverunt, et aedes clusa est; omnes foris exierunt: ibi sacerdotes clusi, succincti, libellis acceptis, carmen descindentes tripodaverunt in verba haec: « Enos lases iuvate, enos lases iuvate, enos iases iuvate, neve luaerve marma sins incurrere in pleores, neve luer ve marmar [si]ns incurrere in pleoris, neve luer ve marmar sers incurrere in pleoris. Satur furere mars limen, [sal]e sta berber, satur fufere mars limen sall sta berber, satur fufere mars limen, sall sca berber. [Sem]unis alternei advocapit conctos, semunis alternei advocapit conctos, simunis alternip advocapit [conct]os. Enos marmor iuvato, enos marmor iuvato, enos marmor iuvato. Triumpe, triumpe, triumpe, trium[pe, triu]mpe. » Post tripodationem deinde, signo dato, publici (servi) introierunt et libellos receperunt.

FRAGMENTA REGIARUM LEGUM.

Sei hemonem fulmin jobis occisit nei supera cenua tolitod; hemo sei fulmined occisus escit oloe iousta nula fieri oportetod

Sei cuips hemonem loebesom dolo sciens morteid duit pariceidad estod sei em imprudens sine dolo malod oceisit pro capited oceisei et nateis eiius endo concioned arietem subicitod.

Pelecs asam iunonis nei tancitod sei tancod iunonei crinibos demiseis acnom feminam caiditod.

DUODECIM TABULAE LEGUM DECEMVIRALIUM.

Tabula I, de in ius vocando.

. . . .

. . . .

. . . .

SIn ius vocatquEat: NIt, antestamino: igitur, em capito.

Si calvitur pedemve strVit, manum endo iacito.

Si morbus aevitasve vitium escit, quIn ius vocabit iumentum dato: si nolet, arceram ne sternito.

Sī ensiet, qui in ius vocatum vindicit, miTito.

ASiduo vindex aSidVs esto: proletario cuique volet vindex esto.

Endo via rem, uti paicunt, orato.

NIta paicunt, in comitio aut in foro ab ortu ante meridiem causam conscito, cum perorant ambo praesentes.

Post meridiem praesenti stilitem aDicito.

Sol oCasus suprema tempestas esto.

Tabula II, de iudiciis et furtis.

. . . .

. . . .

. . . .

. . . . vades subvades . . . .

extra quam si morbus sonticus . . . .

votum, absentia rei publicae ergo, aut status dies cum hoste intercedat: nam si quid horum fuat unum iudici arbitrove reove, eo die diFensus esto.

. . . .

Cui testimonium defuerit, is tertIs diebus obportum obvagulatum ito.

Si nox furtum faxit, sIm aliquis oCisit, iure caesus esto.

Si luci furtum faxit, sIm aliquis endo ipso capsit, verberator iLique, coi furtum factum escit, aDicitor.

Servus virgis caesus saxo deIcitor: Inpubes Praetoris arbitratu verberator noxiamque decernito.

Si se telo defensint, quiritato endoque plorato: post deinde si caesi escint, se fraude esto.

Si furtum lance licioque conceptum escit, atque uti manifestum vindicator.

Si adorat furto, quod nec manifestum escit, duplione decidito.
SIniuriAlienas arbores caesit, in singulas XXV aeris luito.
Si pro fure damnum decisum escit, furti ne adorato.
Furtivae rei aeternAuctoritas esto.

Tabula III, de rebus creditis.

. . . .
. . . .

Si quid endo deposito dolo malo factum escit, duplione luito.
Si qui unciarto fenere amplius feneraSit, quadruplione luito.

. . . .

Adversus hostem aeternAuctoritas esto.

Aeris confeSi rebusque iure iudicatis XXX dies iusti sunto.
 Post deinde manus iniectio esto, in ius ducito. Ni iudica-
 tum facit, aut quips endo em iure vindicit, secum ducito,
 vincito aut nervo aut compedibus XV pondo ne maiore:
 at si volet minore, vincito.

Si volet, suo VIto: ni suo VIt qui em vinctum habebit, libras
 faRis endo dies dato: si volet, plus dato.

Ni cum eo pacit, LX dies endo vinculis retineto. Interibi trinis
 nundinis continuis in Comitium procitato, aerisque aesti-
 miam iudicati praedicato.

Ast si plures erunt, rei tertis nundinis partis secanto: si plus
 minusve secuerunt, se fraudEsto: si volent, uls Tiberim
 peregre venum danto.

. . . .

Tabula IV, de iure patrio et iure connubii.

Pater insignem ad deformitatem puerum cito necato.

Endo liberis iustis vitae necis venum dandique potestas ei esto.

Si pater filium ter venundVit, filius a patre liber esto.

Si qui· ei in X mensibus proximis postumus natus escit, iustus esto.

. . . .

. . . .

. . . .

. . . .

. . . .

. . . .

Tabula V, de hereditatibus et tutelis.

Paterfamilias uti legaSit, super pecuniae tutelaeve suae rei, ta ius esto.

Ast sIntestato moritur, cui sVs heres nec escit, agnatus proximus familiam habeto.

Si agnatus nec escit, gentilis familiam heres nancitor.

Si libertus intestato moritur, cui sVs heres nec escit, ast patronus patronive liberi escint, ex ea familia in eam familiam proximo pecuniADuitor.

Nomina inter heredes pro portionibus hereditarIs ercta, cita sunto.

Ceterarum familiae rerum ercto non cito, si volent heredes, erctum faciunto: Praetor ad erctum ciendum arbitros tris dato.

Si paterfamilias intestato moritur, cuInpubes suus heres escit, agnatus proximus tutelam nancitor.

Si furiosus aut prodigus existat, ast ei custos nec escit, agnatorum gentiliumque in co pecuniavEius potestas esto.

. . . .
. . . .
. . . .

Tabula VI, de dominio et de possessione.

QVm nexum faciet mancipiumque, uti lingua nuncupaSit,
ita ius esto.

SInficias ierit, duplione damnator.

Statuliber emptori dando liber esto.

Res vendita transquedata emptori non adquiritor, donicum
satisfactum escit.

VS auctoritas fundi biennium:

      aNVs VS esto.

Mulieris, quae aNum matrimonI ergo apud virum remansit,
ni trinoctium ab eo usurpandi ergo abescit, usus esto.

Si quIn iure manum conserunt, secundum eum qui poSidet:
ast si qui quem liberali causa manu adserat, secundum
libertatem vindicias dato.

Tignum iunctum aedibus vineaeve ne concapEt ne solvito.
Ast qui iunxit, duplione damnator. Tigna quandoque sar-
pta, donec dempta erunt, vindicare ius esto.

Si vir mulieri repudium miTere volet, causam dicito ha-
rumce unam . . . .

. . . .

Tabula VII, de delictis.

Si quadrupes pauperiem faxit, dominus noxiAEstimiam oFer-
to: si nolet, quod noxit dato.

SIniuria rupitias ..... Ast si casu, sarcito.

Qui fruges excantaSit ....

Qui frugem aratro quaesitam furtim nox pavit secuitve, suspensus Cereri necator. Impubes Praetoris arbitratu verberator noxiamque decernito.

Qui pecu endo alieno impescit .... ̇......

Qui aedes acervumve frumenti ad aedes positum dolo sciens incensit, vinctus verberatus igni necator: ast si casu, noxiam sarcito. Si nec idoneus escit, levius castigator.

Si quIniuriam alteri faxit XXV. aeris poenae sunto.

Si qui pipulOcentaSit carmenve conDISit, quod infamiam faxit flagitiumve alteri, fuste ferito.

Qui membrum rupsit, ni cum eo paicit, talio esto.

Qui os ex genitali fudit, libero CCC. servo CL. aeris poenae sunto.

Qui se siri Testarier libripensve fuerit, ni testimonium fariatur, improbus intestabilisquEsto.

Si falsum testimonium dicaSit, saxo delcitor.

Si qui hominem liberum dolo sciens morti duit ...

Qui malum carmen incantaSit, malum venenum faxit duitve, paRicida esto.

Qui parentem necaSit, caput obnubito culeoque insutus in profluentem mergitor.

Si tutor dolo malo gerat, vituperato, quandoque finita tutela escit, furtum duplione luito.

PatronuSi clienti fraudem faxit, sacer esto.

Tabula VIII, de iuribus praediorum.

Ambitus parietis sextertius pes esto.

Sodales legem quam volent, dum ne quid ex publica coRompant, sibi ferunto.

De finium ratione lex incerta, ad exemplum legis . . . .
Atticae Solonis . . . . .

Intra V. P. aeternAuctoritas esto.

Si iurgant adfines, finibus regundis Praetor arbitros tris aDicito.

     . . . hortus . . . . . .

     . . . heredium . . . . . .

     . . . tugurium . . . .

Si arbor in vicini fundum impendet, XV. P. altius sublucator.

Si glans in EM caduca siet, domino legere ius esto.

Si aqua pluvia manu nocet, Praetor arcendae aquae arbitros tris aDicito, noxaeque domino cavetor.

Via in poRecto VIII. P. in amfracto XVI. P. lata esto.

Si via amsegetes iMinuta escit, qua volet, iumentum agito.

. . . .
. . . .
. . . .
. . . .

Tabula IX, de iure publico.

Privilegia ne inroganto.

Nexo soluto, forti sanati siremps ius esto.

Si iudex arbiterve iure datus ob rem iudicandam pecuniam aCepsit, capital esto.

De capite civis nisi per maximum comitiatum ne ferunto.

Quaestores paRicidI, qui de rebus capitalibus quaerant, a populo creantor.

Si quIn urbe coetus nocturnos agitaSit, capital esto.

Si qui perdueLem concitaSit civemque perdueLi transduit, capital esto.

. . . .

. . . .

. . . .

. . . .

Tabula X, de iure sacro.

. . . .

. . . . de iure iurando . . . .

. . . .

Hominem mortVm in Vrbe ne sepelito, neve urito. . . . . . .

Sumptus et luctum a DeoruManium iuREmoveto. . . . . . .

Hoc plus ne facito. . . . .

Rogum ascia ne polito. . . . .

Tribus riciniis et X tibicinibus foris eFeRe ius esto.

Mulieres genas ne radunto, neve leSum funeris ergo habento.

Homini mortuo oSa ne legito, quo post funus facias, extra quam si beLi endove hostico mortVs escit. . . . .

Servilis unctura omnisque circumpotatio auferitor. . . . .

Murrata potio mortuo ne inditor. . . . .

Ne longe coronae neve aceRae praeferuntor. . . . .

Qui coronam parit ipse pecuniave eius, virtutis ergo arguitor; et ipsi mortuo parentibusquEius, dum intus positus escit forisvEFertur, se fraude imposita fiet. . . .

Vni plura funera ne facito, neve plores lectos sternito: neve aurum aDito. Ast si cui auro dentes vincti escint, im cum iLo sepelire uREve se fraudEsto. . . . . .

Rogum bustumve noVum propius LX. P. aedis alienas, si
 dominus nolet, ne adIcito.

Fori bustive aeternAuctoritas esto.

Tabula XI, Supplem. V prior. Tabb.

Quod postremum populus iuSit, id ius ratum esto.
Patribus cum plebe coNubl ius nec esto.

. . . .

. . . .

... detestatum ... seu de sacris detestandis.

. . . .

. . . .

. . . .

. . . .

. . . .

Tabula XII, Supplem. V poster. Tabb.

. . . .

. . . .

. . . .

.... de pignere . . . .

Si qui rem, de qua stlis fiet, in sacrum dedicaSit, duplione
 decidito.

Si vindiciam falsam tulit, Praetor rei sive stlitis arbitros tris
 dato: eorum arbitrio fructi duplione decidito.

Si servus sciente domino furtum faxit noxiamve noxit,
 noxae dedito.

Cornelius. Lucius. Scipio. Barbatus. Gnaivod. patre prognatus fortis. vir. sapiensque – quoius. forma virtutei parisuma
fuit – consol censor. aidilis. quei. fuit. apud. vos – Taurasia.
Cisauna Samnio. cepit – subigit. omne Loucana. opsidesque.
abdoucit.

INSCRIPTIO COLUMNAE ROSTRATAE,

DUILIO POSITAE IN FORO.

[C. Bilios. M. f. cos. advorsum Cartacinienseis en Siceliad
rem cerens, Ecest] ano[s, cocnatos popli Romani, artisumad
obsedeone]d [e]xemet; lecion[eis cartacinienseis omneis m]a-
ximosque macistr[a]tos, l[ucaes bovebos relicteis no]vem,
castreis exfociont. Macel[am moenitam urbem p]ucnandod
cepet; enque eodem mac[estratod prospere r[em navebos
marid consol primos c[eset, resmecosque c]lasesque navales
primos ornavet pa[ravetque diebos LX, c]umque eis navebus
(sic) claseis poenicas om[nis paratasque s]umas copias car-
taciniensis, præsente[d maxumod d]ictatored o[lor]om, in
altod m[a]rid puc[nandod vicet, XXX] que na[veis cepe]t
cum socieis, septe[mresmomque ducis quinresm]osque tri-
resmosque naveis x[xdepreset: Auro]m captom numei clɔ
clɔ clɔ ɒcc, [arcen]tom captom præda numei cccIɔɔ c,
[crave] captom aes cccIɔɔ *(sic quindecies)* [pondod; triom-

p]oque navaled prædad poplom [Romanom donavet, capti-
vos] cartacini[enseis ince]nuos d[uxet ante curom, primos-
que consol de sicel]ei[s claseque] cart[acinienseom triom-
pavet. Earom rerom erco s. p. q. r. ei hance columpam p.]

INSCRIPTIO SECUNDA SEPULCRI SCIPIONUM.

Honc. oino. ploirume. cosentiont. R[omae?] . . .
duonoro. optumo. fuise. viro
Luciom. Scipione. filios Barbati
consol. censor. aidilis. hic. fuet. a[pud. vos?] . . .
hec. cepit. Corsica. Aleriaque. urbe
dedet. Tempestatebus. aide. mereto.

SENATUSCONSULTUM DE BACCHANALIBUS.

[Q.] Marcius L. f. S. Postumius L. f. cos. senatum consolo-
luerunt, iv. octob., apud aedem Duelonai Sc. arf. M. Claudi.
M. f. L. Valeri. P. f. Q. Minuci. C. f. De Bacanalibus quei
foideratei esent, ita exdeicendum censuere: nei quis eorum
sacanal (l. bacanal) babuise velet. Sei ques esent, quei sibei
deicerent necesus ese bacanal habere, eeis utei ad pr. or-
banum Romam venirent, de que eeis rebus, ubei eorum
utra. (l. verba) audita esent, utei senatus noster decerneret,
dum ne minus senatorbus (sic) C adesent, [quom e]a res
cosoleretur. Bacas vir nequis adiese velet ceivis romanus,
neve nominus latin[i], neve socium quisquam, nisei pr. urbanum adiesent, isque de senatuos sententiad, dum ne minus

senatoribus C adesent, quum ea res cosoleretur, iousisent,
censuere; sacerdos nequis vir eset, magister neque vir neque mulier quisquam eset; neve pecuniam quisquam eorum
comoinem [h]abuise velet, neve magistratum; neve pro ma-
gistratuo neove (*l.* neque) virum neque mulierem quiquam
fecise velet; neve posthac inter sed coniourase, neve com-
vovise, neve conspondise, neve compromesise velet, neve
quisquam fidem inter sed dedise velet, sacra in dqvoltod (*l.*
oquoltod) ne quisquam fecise velet, neve in poplicod, neve
in preivatod, neve exstrad urbem sacra quisquam fecise velet, nisei pr. urbanum adieset, isque de senatuos sententiad,
dum ne minus senatoribus C adesent, quom ea res cosoleretur, iousisent, censuere; homines plous V oinvorsei virei
atque mulieres sacra ne quisquam fecise velet, neve interi-
bei virei plous duobus, mulieribus plous tribus arfuise ve-
lent, nisei de pr. urbani senatuosque sententiad, utei suprad
scriptum est. Haice utei in coventionid exdeicatis ne minus
trinum noundinum ; senatuosque sententiam utei scientes
esetis, eorum sententia ita fuit. Sei ques esent quei arvorsum
ead fecisent, quam suprad scriptum est, eeis rem caputalem
faciendam censuere; atque utei hoce in tabolam ahenam in-
ceideretis, ita senatus aiquom censuit, uteiqué eam figier
ioubeatis, ubei facilumed gnoscier potisit; atque utei ea ba-
canalia, sei qua sunt, exstrad quam sei quid ibei sacri est,
ita utei suprad scriptum est, in diebus X quibus vobeis ta-
belai datai erunt, faciatis utei dismota sient in agro Teurano.

INDEX

LIBER PRIMUS.

AB ANTIQUISSIMIS TEMPORIBUS AD SYLLAE OBITUM, QUI FUIT ANNO POST URBEM CONDITAM DCLXXVI.

LIBER SECUNDUS.

A SYLLAE OBITU AD EXCESSUM AUGUSTI.

Ab anno urbis conditae DCLXXVI, ad annum DCCLXVII (post Christum natum XIV).

LIBER TERTIUS.

AB EXCESSU AUGUSTI AD HADRIANUM.

Ab anno urb. cond. DCCLXVII (a Christo nato XIV) ad annum urb. cond. DCCCLXX
(post Christ. nat. CXVII).

LIBER QUARTUS.

AB HADRIANO AD URBEM AB ODOACRE EXPUGNATAM.

———

Ab anno urb. cond. DCCCLXX (a Christo nato CXVII)
ad annum urb. cond. MCCXXIX (post Christum natum CCCCLXXVI).

Lightning Source UK Ltd.
Milton Keynes UK
UKHW021803311018
331548UK00008B/299/P